Question Time

EXPLORE AND DISCOVER

Creepy Crawlies

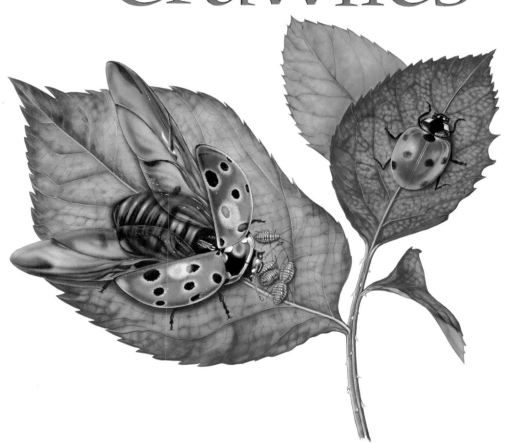

Jim Bruce

KINGFISHER

NEW YORK

Editor: Emma Wild
Designer: Catherine Goldsmith
Consultants: Joyce Pope, Norah Granger
Indexer: Jason Hook
Production Controller: Caroline Hansell
Illustrators: Lisa Alderson 10-11, 16-17, 22-23, 26-27;
Ray Grinaway 4-5, 12-13 28-29; **Ian Jackson** 8-9;
Joannah May 6-7, 20-21; **Andrew Robinson** 14-15.
Cartoons: Ian Dicks
Picture Manager: Jane Lambert
Picture acknowledgments:
7*tl* Kjell B. Sandved/www.osf.uk.com; 9*tl* Brian Bevan/Ardea
London; 15*tl* G. I. Bernard/www.osf.uk.com; 17*tr* R. J. Erwin/NHPA
1992; 18*tr* Harald Lange/Bruce Coleman Collection; 19*tr* Stephen
Dalton/NHPA; 21*tl* James Carmichael, Jr./NHPA; 23*tr* Ron
Nunnington/www.osf.uk.com; 24*tl* Harald Lange/Bruce Coleman
Collection; 29*tl* Isaac Kehimkar/www.osf.uk.com.

Every effort has been made to trace the copyright holders of the photographs.
The publishers apologize for any inconvenience caused.

KINGFISHER
Larousse Kingfisher Chambers Inc.
80 Maiden Lane
New York, New York 10038
www.kingfisherpub.com

First published in 2001
10 9 8 7 6 5 4 3 2 1

1TR/0401/TIM/RNB/128MA

LIBRARY OF CONGRESS CATALOGING-IN-PUBLICATION DATA
Bruce, Jim.
    Question time: creepy crawlies / by Jim Bruce.—1st ed.
      p. cm.
      ISBN 0-7534-5342-8 (HC) ISBN 0-7534-5413-0 (PB)
    1. Insects—Miscellanea—Juvenile literature. [1. Insects—
Miscellanea. 2. Questions and answers.] I. Title
QL467.2 .B77 2001   595.7—dc21
2001029003

Printed in China

CONTENTS

ABOUT this book

Have you ever wondered why honeybees like flowers? On every page, find out the answers to questions like this, and learn other fascinating facts about creepy crawlies. Words in **bold** are in the glossary on page 31.

★ Look and find ★
ladybug

All through the book you will see the **Look and find** symbol. This has the name and picture of a small object that is hidden somewhere on the page. Look carefully to see if you can find it.

Now I know . . .

★ These boxes contain quick answers to all of the questions.
★ They will help you remember all about the amazing world of creepy crawlies.

★ Look and find ★
caterpillar

WHAT are creepy crawlies?

Creepy crawlies are bugs—tiny creatures that buzz, scuttle, wriggle, and creep all around us. Creepy crawlies include **insects**, spiders, millipedes, worms, wood lice, slugs, and snails. They vary in size, shape, and color, but they are all **invertebrates**. This means they have no backbone.

WHERE do they live?

Creepy crawlies are found almost everywhere on earth. Every yard is home to thousands of them. They are so small that they can squeeze into the tiniest of spaces and can be very hard to spot. Creepy crawlies hide in dark, damp places, such as under stones, leaves, and logs and in the soil. Some are busy during the day, but others come out only at night.

HOW many creepy crawlies are there?

There are more creepy crawlies in the world than any other kind of animal—over three million **species**. In fact, there are so many different kinds that scientists have sorted them into groups. For example, bees, ants, and dragonflies are insects; spiders and scorpions are **arachnids**; and snails and slugs are **mollusks**.

That's amazing!

The first flight on earth was not made by a bird, but by an insect—over 400 million years ago!

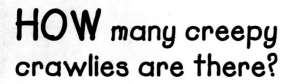

All kinds of creepy crawlies are hiding in the long grass. Look for them throughout the book.

Now I know . . .

★ Creepy crawlies are small creatures without backbones.
★ Creepy crawlies live almost everywhere on earth.
★ There are over three million kinds of creepy crawlies.

WHY do insects wear armor?

All insects have a hard casing on the outside of their body called an **exoskeleton**. Just like a strong suit of armor, this protects their soft insides. All insects have three parts to their bodies. The front part, the head, holds the brain, mouth, eyes, and **antennae**. The middle part, the **thorax**, carries three pairs of legs and usually contains the wings. The back part, the **abdomen**, contains the stomach. In female insects, this is where the eggs are made.

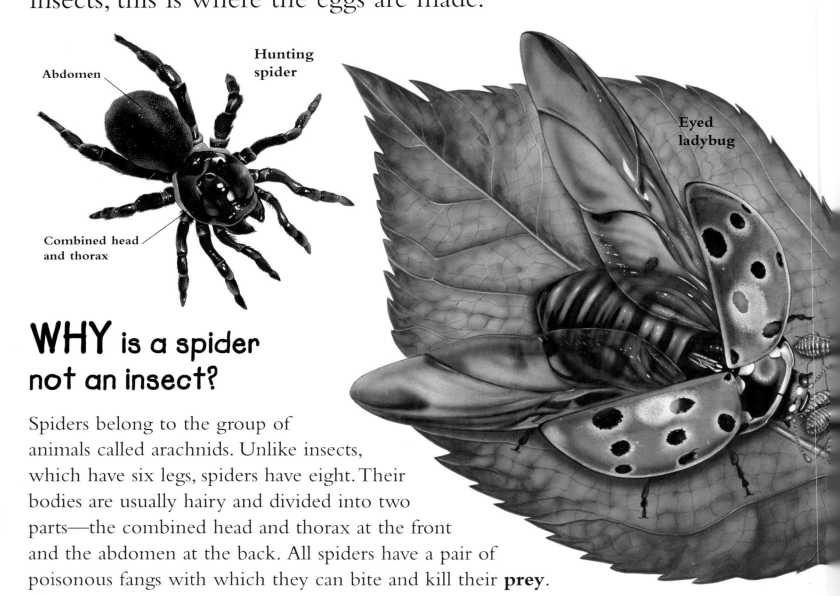

Abdomen

Hunting spider

Combined head and thorax

Eyed ladybug

WHY is a spider not an insect?

Spiders belong to the group of animals called arachnids. Unlike insects, which have six legs, spiders have eight. Their bodies are usually hairy and divided into two parts—the combined head and thorax at the front and the abdomen at the back. All spiders have a pair of poisonous fangs with which they can bite and kill their **prey**.

HOW do insects see?

Many animals have only one lens in each eye, but insects such as dragonflies and horseflies have **compound eyes**. Their eyes are made up of thousands of tiny lenses packed together. This kind of eye does not see objects clearly, but it does allow the insects to spot even the slightest movement from almost any direction.

That's amazing!

When it is very cold, some insects produce special chemicals that stop their blood from turning to ice!

Creepy crawlies have different-colored blood from other animals—it is green or yellow!

Seven-spotted ladybug

All creepy crawlies, including ladybugs, have similar parts on the inside. They have nerves, which carry signals from one part of their body to another, and they breathe using tiny air pipes called **tracheae**.

Now I know . . .

★ All insects have an exoskeleton, three body parts, and six legs.
★ Spiders have two body parts, eight legs, and fangs.
★ An insect's eye is packed with thousands of tiny lenses.

★ Look and find ★
hover fly

WHY do grasshoppers lose their skin?

Female grasshoppers lay eggs. The newborn insects that hatch are called **nymphs**. They look like tiny copies of their parents, but without wings. Grasshoppers grow in stages. As the nymphs grow bigger their outer skin becomes too small, and they wriggle out. This is called **molting**. The insects then grow before their new skin hardens.

HOW many eggs do insects lay?

Female grasshoppers can lay as few as two or as many as 120 eggs at a time, though some insects can lay thousands. Eggshells keep the young warm, moist, and hidden. Insects often leave their eggs on or near food that the young insects will eat after they hatch.

Female grasshoppers often lay their eggs in sandy soil. After they hatch, the young grasshoppers dig their way out to the surface.

Young grasshopper

Grasshopper eggs

Grasshopper nymph

That's amazing!

One kind of grasshopper called a locust can gather in huge groups of up to 250 billion insects!

WHAT grows in a bag?

To keep their babies safe, some spiders wrap their eggs in a homemade silk bag called a sac. Some hang this sac on their webs; others carry it around on their backs. Young spiders, called **spiderlings**, hatch inside the egg sac. They leave after their first molt, when they are able to spin silk.

Final molt

Old skin

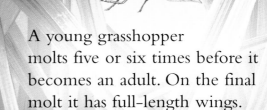

A young grasshopper molts five or six times before it becomes an adult. On the final molt it has full-length wings.

Now I know . . .

★ When they are born, grasshoppers look like tiny copies of their parents.

★ Most insects lay a lot of eggs, usually near a food source.

★ Some spiders wrap their eggs in a silk bag called a sac.

HOW do caterpillars grow up?

A wriggling caterpillar and a colorful, fluttering butterfly look very different. In fact, they are actually the same insect at different stages of life. Every young caterpillar will change its shape, size, and color before it becomes an adult butterfly. This is called **metamorphosis**.

1 Female butterflies lay eggs on plants that will provide the young caterpillars with the type of food they eat.

2 When the eggs hatch, the caterpillars immediately start to eat and grow quickly.

3 When fully grown the caterpillars become **pupae**. They make a special shell in which their bodies begin to change.

4 After some time the shell splits open, and a new adult butterfly wriggles free.

Swallowtail caterpillar feeding

That's amazing!

Some fully grown caterpillars can weigh up to 2,700 times more than they did at birth!

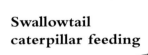

Thirsty butterflies sip the juice of rotten fruit, which contains alcohol!

Although most caterpillars have twelve eyes, their eyesight is still very poor. They can only tell the difference between light and dark. Some caterpillars have no eyes at all and get around by using touch and smell alone.

Look and find ladybug

WHAT do butterflies eat?

Adult butterflies do not need much food, but they do need sugars, such as **nectar**, for energy. Brightly colored flowers contain this liquid. The butterflies unroll their long tongues and suck up sticky nectar from inside the flowers. When they are thirsty, they drink water from ponds and streams.

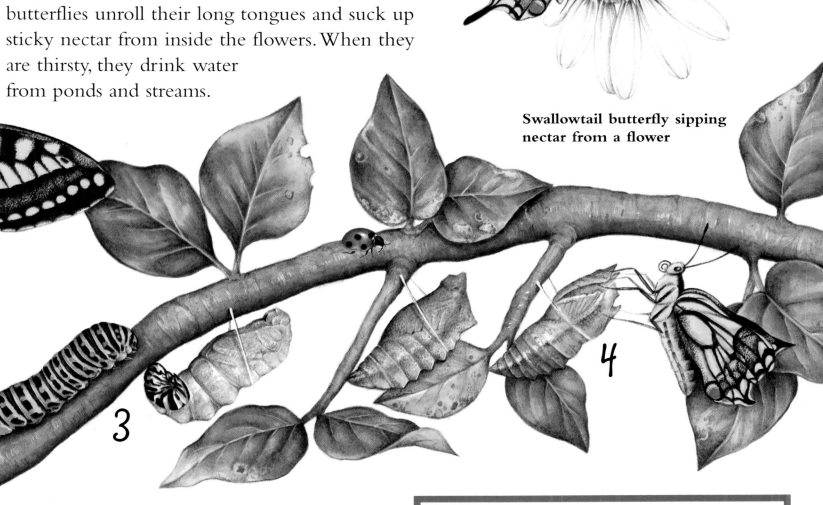

Swallowtail butterfly sipping nectar from a flower

3

4

WHERE do butterflies go to sleep?

At nighttime and in bad weather butterflies find a quiet place to sleep on the underside of twigs and leaves or on the top of a blade of grass. They often rest in the same place night after night.

Now I know . . .

★ Caterpillars change a lot before they become butterflies.

★ Nectar is a sweet, sticky fluid that butterflies eat.

★ Butterflies often sleep in the same place every night.

WHAT do creepy crawlies eat?

The dark woodland floor is an ideal place for creepy crawlies, providing food and shelter. There are plenty of plants to nibble on or hide under and a lot of tiny animals to catch. Worms, snails, millipedes, and wood lice feed on the rotting remains of plants as well as on leaves, fruits, and seeds. These plant-eating creepy crawlies are also food for ferocious woodland hunters such as spiders and beetles.

WHY do stag beetles have big jaws?

Many beetles have powerful jaws for grabbing, biting, and chewing their prey. Male stag beetles have large jaws shaped like a pair of antlers. During the breeding season they use them to wrestle with rival males, sometimes lifting them off the ground.

Plant-eaters and hunters feeding

Male stag beetles

Millipede

Millipede

Earthworm

Wood louse

That's amazing!

Flies eat all kinds of strange things. Some have even been known to eat shoe polish–yum!

More trees are destroyed by insects each year than are burned down in forest fires!

Longhorn beetle

Tiger beetle

Ant

Female stag beetle

HOW do worms help plants grow?

Earthworms are some of the most useful animals on earth. As they crawl and eat their way through the soil they mix in dead animals and plants. This feeds the soil and helps new plants grow. Earthworms have long, soft bodies and no legs.

Now I know . . .

★ Creepy crawlies eat rotting remains, plants, or small animals.
★ Male stag beetles have powerful jaws for fighting.
★ Earthworms mix dead plants and animals into the soil.

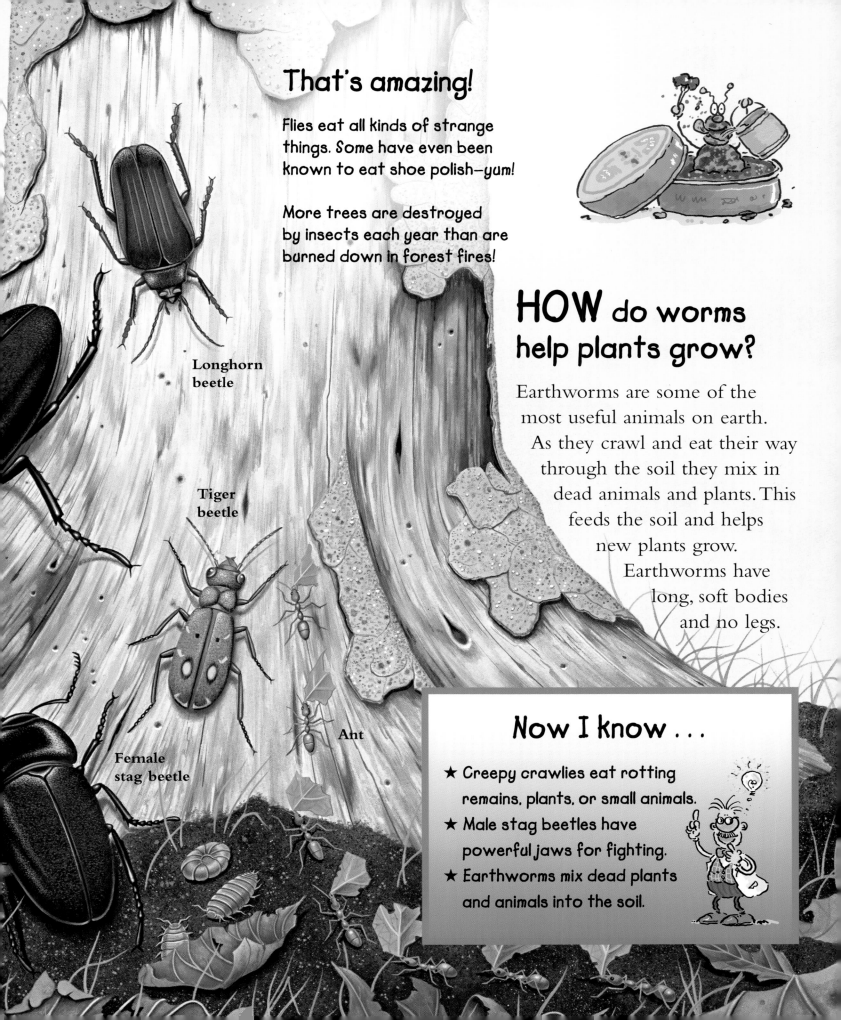

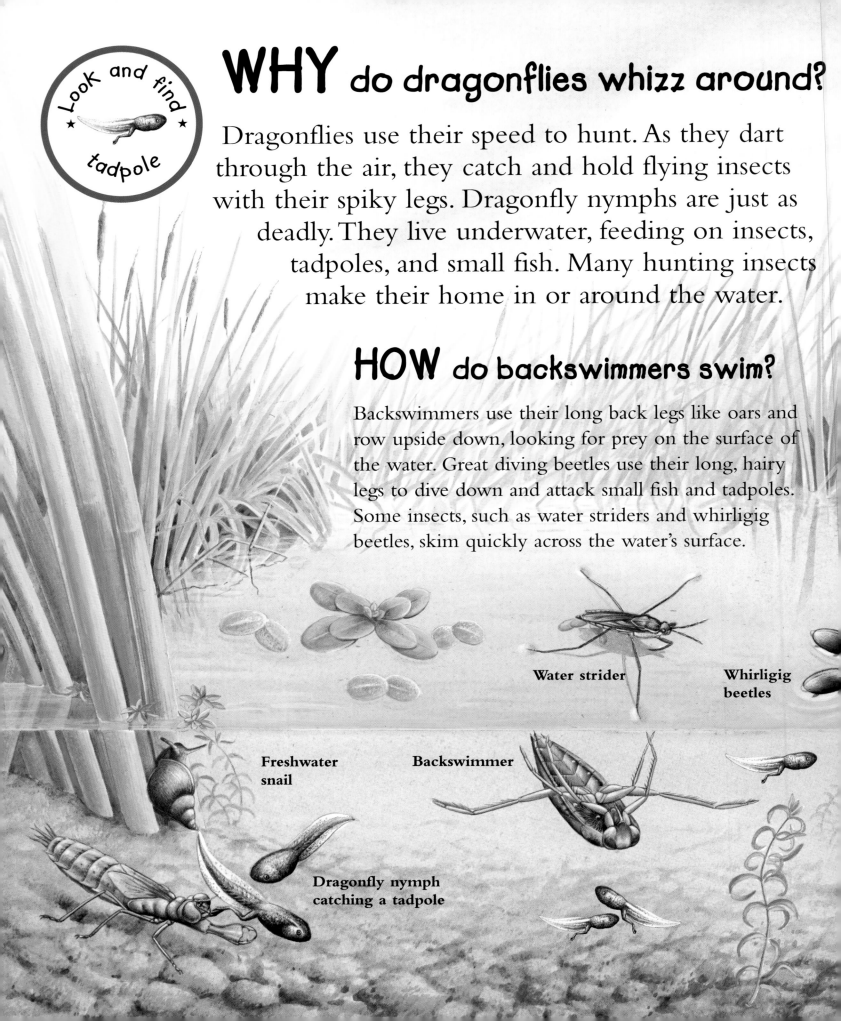

Look and find ★ ★ tadpole

WHY do dragonflies whizz around?

Dragonflies use their speed to hunt. As they dart through the air, they catch and hold flying insects with their spiky legs. Dragonfly nymphs are just as deadly. They live underwater, feeding on insects, tadpoles, and small fish. Many hunting insects make their home in or around the water.

HOW do backswimmers swim?

Backswimmers use their long back legs like oars and row upside down, looking for prey on the surface of the water. Great diving beetles use their long, hairy legs to dive down and attack small fish and tadpoles. Some insects, such as water striders and whirligig beetles, skim quickly across the water's surface.

Water strider

Whirligig beetles

Freshwater snail

Backswimmer

Dragonfly nymph catching a tadpole

WHICH spider lives in a balloon?

Water spider

The water spider spends most of its life underwater in ponds. Although it hunts and feeds below the surface and can swim and dive, it breathes air like other spiders. It can live underwater because it builds a balloon-shaped web out of silk. The spider fills the web by bringing air bubbles from the surface, which gradually push out the water.

Damselfly

A nymph molting

Dragonfly

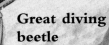
Great diving beetle

That's amazing!

Dragonflies are speedy insects. Some can fly at up to 60 mph (97km/h), easily escaping most of their enemies!

Backswimmers can stay underwater for several hours without coming up for air!

Now I know . . .

★ Dragonflies fly very quickly to catch other flying insects.
★ Some creepy crawlies swim and hunt underwater.
★ Some spiders live in ponds in webs filled with air bubbles.

Look and find
★ ★
fly

WHY do spiders spin webs?

Some spiders use sticky traps to help them catch food. They spin fine webs using silk made in special glands in their bodies. The silk is liquid inside the spider, but hardens into a strong thread outside its body. When an insect becomes tangled in the web, the spider feels it struggling through hairs on its legs and rushes over to kill it.

Garden spider

Web-spinning spiders never get caught in their own webs. They have special greasy feet that slip easily along the silk lines.

WHAT shape is an orb weaver's web?

Orb weavers weave their round webs in open areas, often between tree branches or flower stems. Some spiders lie in wait nearby for insects to get caught. Others hold a thread of silk, called a trap line, attached to the center of the web and hide nearby. When an insect lands in the web, the line vibrates, and the spider darts out to attack it.

Some spiders wrap their captured victims in silk so they cannot escape. Later they return to the web to eat the insects.

That's amazing!

Some spiders spin a new web every night. They are experts, so it takes only one hour!

Spider silk is thinner than a hair, but it is stronger than steel wire of the same thickness!

WHERE do some baby spiders live?

Some spiders do not spin webs to catch other animals, but instead use them as "nurseries" to protect their eggs. The spiders guard their eggs until the tiny spiderlings are ready to spill out—usually after the babies' second molt. These webs are built in plants or shrubs.

Nursery-web spider

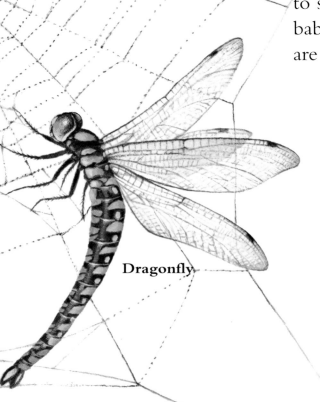

Dragonfly

Now I know . . .

★ Some spiders use their fine, sticky webs to capture their prey.
★ Orb weavers spin round webs made from silk.
★ Some spiders look after their young in "nursery" webs.

17

WHICH spiders are hunters?

Hunting spiders creep up or pounce on their prey as it passes by. Most hunters have excellent eyesight to help them spot their next meal from far away. Once the prey is captured, the spiders inject their victim with poison from their fangs before wrapping it tightly in silk thread. The poison first kills the creature, then slowly turns its insides into a gooey soup, which the spiders suck up. Without the help of these skillful hunters, the world would be overrun with insects.

Trapdoor spider lying in wait for a passing cricket

That's amazing!

Spiders have lived on earth for 400 million years—they were around before the first dinosaurs!

HOW do tarantulas catch their prey?

Tarantula hunting

Tarantulas, the world's largest spiders, live in rain forests in South America. They spend the day hiding in burrows and come out at night to hunt. Tarantulas have poor eyesight, but their legs are covered in fine hairs that pick up vibrations from moving animals.

WHY do trapdoor spiders hide?

The trapdoor spider uses a clever trick to catch victims. After digging a burrow, it covers the hole with a lid and hides. As night falls the spider lifts the trapdoor and waits. When a creature passes nearby, the spider feels the ground vibrate and leaps out. It stuns its victim with poison before dragging it into its burrow to devour it.

The bola spider traps its prey in a cunning way. It uses special glands in its body to create a ball of sticky gum. Then it spins a line of silk and attaches the ball to the end. The spider catches insects by swinging the line of silk like a lasso.

Cricket

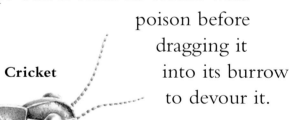

Now I know . . .

★ Hunting spiders don't catch prey in webs, but hunt on the ground or in trees.

★ Tarantulas have hairy legs to help them feel for dinner.

★ Trapdoor spiders hide underground to ambush prey.

WHICH insect looks like a twig?

All creepy crawlies have enemies that want to eat them. Some stay alive by disguising themselves as something that isn't worth eating. Others blend cleverly into their **habitats**. Stick insects have bodies that look like twigs, while leaf insects look like bright green leaves. Some caterpillars even look like bird droppings. Other creatures contain poison or bad-tasting chemicals that make them impossible to eat.

WHY does a mantis pray?

A mantis holds its front legs together while waiting to attack, so it looks like it is praying. If an insect lands nearby, the mantis stays perfectly still, but watches by swiveling its head slightly. Then it suddenly strikes. Its front legs snap around its victim, and it begins to feed immediately. The mantis' sticklike, green body blends into the surrounding leaves. This helps it stay hidden from hungry enemies.

That's amazing!

The bombardier beetle shoots its enemies with a cloud of hot, stinging liquid.

The longest insect is the tropical stick insect, reaching 14 in. (35cm) long!

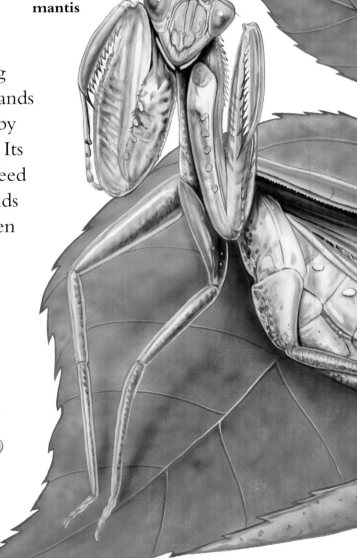

Praying mantis

Treehoppers are shaped like the thorns and prickles of the plants on which they feed. This keeps them camouflaged.

Froghopper

Ladybug

Stick insect

Blister beetles make a liquid that can blister the skin of a person or animal.

Blister beetles

Leaf insect

WHY are beetles different colors?

Some beetles have bright warning colors or patterns of spots and stripes on their bodies. These warn their enemies that they are poisonous and can sting, bite, or squirt foul-smelling liquid.

The patterns on a leaf insect's body, along with its color and shape, make it look just like a leaf. Some even look like they have been chewed by an animal.

Now I know . . .

★ Many creepy crawlies use disguises to avoid being eaten.
★ Praying mantises sometimes look like they are praying.
★ Some beetles are colored to warn animals to stay away.

21

Look and find ★ ★ ant

WHY are slugs slimy?

Slugs slither from place to place, carrying their bodies on a big block of muscle called a foot. The slime that pours from their bodies makes a slippery track that stops the foot from getting damaged as it scrapes across the ground. It also stops the slugs from drying out, even though they live in damp places. Snails are like slugs, but have hard shells to protect their soft bodies.

That's amazing!

The cone shell snail can inject a poison strong enough to kill a human being through its spearlike teeth!

The tongues of some sea snails are so strong they can drill through the shells of other animals!

Garden snail

Slug

HOW does a snail grow its shell?

A snail builds its own shell from a mineral called calcium carbonate. As the snail grows bigger it adds more and more material to the spiral-shaped shell. When a snail is disturbed or if the weather becomes very dry, it pulls itself back into its shell for protection.

Giant African snail

WHERE are a snail's eyes?

Snails have eyes on the tips of two long feelers called **tentacles**. A snail has two pairs of tentacles on its head. One pair is shorter than the other. The eyes are on the longer pair, while the shorter pair are used by the snail for smelling and feeling its way around.

Now I know . . .

★ The slime made by a slug helps its foot slide across the ground.

★ Snails build shells to protect their soft bodies.

★ A snail's eyes are on the ends of long tentacles.

WHY do ants live together?

Look and find
★ ★
spider

Ants are social insects. Like bees and termites, they live and work together in large, organized groups called **colonies**. Each nest contains a single queen, which lays all the eggs. Most of the other ants are female workers. They build the home, search for food, keep the nest clean, fight enemies, and look after the young **larvae**.

Termites are amazing colony builders. They make mud nests as much as four times the height of an adult human.

Wood ants in their nest

Larvae

That's amazing!

When ants find food, they mark a smelly trail to their nest so others can follow!

Tiny ants can lift objects more than 20 times their own weight!

WHICH ants are like storage jars?

Honeypot ants use certain worker ants as "storage jars" to hold plant juices. In the summer, when food is plentiful, these ants are fed nectar and honeydew by the other workers. They swell up like balloons and hang upside down in the nest. When food supplies are low, the workers tap them with their antennae to make them release food.

Honeypot ants

HOW do ants make their treetop tents?

Weaver ants "sew" leaves together to make tents in the treetops, using their larvae like needles and thread. Each ant holds a larva in its mouth and pokes it against the edges of the leaves. The larva makes a sticky thread that binds the leaves together.

Weaver ants

Female worker ants searching for food

Now I know . . .

★ The queen ant is the most important member of the nest.
★ Some honeypot ants store tasty food in their bodies.
★ Weaver ants use their larvae like needles and thread.

Queen laying eggs

WHY do honeybees like flowers?

In the summer honeybees buzz busily from flower to flower—feeding on sweet nectar and pollen grains. Back at their nest or hive they turn the nectar into honey and make "beebread," which they store in wax honeycombs. When a honeybee finds a new source of food, it flies home and performs a special "dance" to tell the other bees where to find it. The closer the food is, the faster and faster the bee dances.

HOW do bees carry pollen?

As bees eat nectar they rub against tiny yellow pollen grains made by the flower. This yellow powder gets caught on their bodies, and the bees comb it into hairy baskets on their back legs. They then carry the pollen back to the nest. During their food-gathering flights bees spread pollen from one flower to another. This is called **pollination**.

Honeybee collecting nectar

That's amazing!

To collect all the nectar for just one jar of honey, a bee would have to make over 10 million trips.

A honeybee colony may contain up to 80,000 bees!

9,999,999

WHEN do bees fly in swarms?

When a colony becomes overcrowded, the workers and the queen leave the hive as a swarm—a huge group of flying bees. Special workers called scouts seek out a place for the next colony. At a signal the whole swarm travels to the new site.

Swarm of honeybees

Red admiral butterfly

Peacock butterfly

Now I know . . .

★ Flowers provide honeybees with sweet nectar and pollen grains.
★ Bees collect pollen using hairy baskets on their back legs.
★ When moving hives, bees fly together in huge swarms.

Look and find
★ ★
snail

WHAT makes a glowworm glow?

Glowworms are not actually worms, but small beetles. To attract a mate, the female gives off a bright light made by chemicals in an organ on the underside of her abdomen. Female glowworms have no wings and have to climb to the top of blades of grass to signal to flying males. Fireflies are close relatives of glowworms. Both males and females give off a yellowish glow.

WHY do grasshoppers "sing"?

Fireflies

Grasshoppers use sound to attract mates and warn rivals. The males "sing" by scraping their back legs against a vein in their front wings, like a violin player drawing a bow across a string. Each species has its own special tune.

Moths

Grasshopper

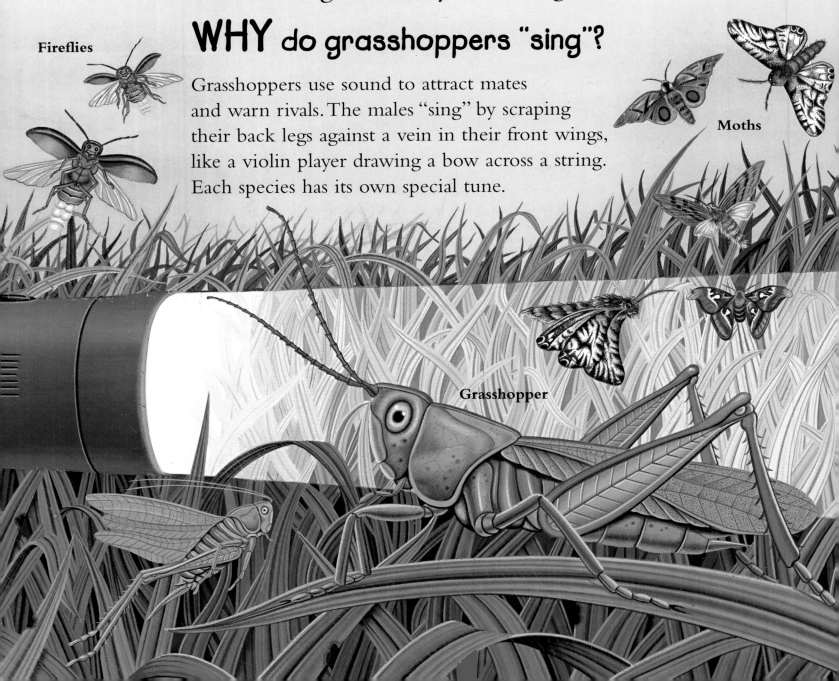

WHICH insect is noisiest?

The noisiest insect in the world is the cicada. Males spend a lot of time in trees, where they "chirrup" loudly using two plates on the side of their abdomen. They can be heard over 1,300 ft. (400m) away—about the distance of 3.5 football fields.

That's amazing!

A South American firefly, the railroad worm, got its name because it flashes red and green like a railroad signal!

Some insects hear sounds using the delicate hairs on their antennae!

Summer nights are filled with all kinds of insects sending messages to each other using light and sound.

Female glowworms

Snail

Now I know . . .

★ Glowworms and fireflies send messages to each other using glowing light.

★ Grasshoppers "sing" to attract mates or warn rivals.

★ Male cicadas are the noisiest insects—ever!

CREEPY CRAWLY QUIZ

What have you remembered about creepy crawlies? Test your knowledge and see how much you have learned.

1 What kind of animal is a ladybug?
a)   Spider
b)   Mollusk
c)   Insect

2 What do butterflies eat?
a)   Nectar
b)   Other insects
c)   Honey

3 Where do grasshoppers lay their eggs?
a)   In a pond
b)   In the air
c)   Underground

4 Which creepy crawlies fly?
a)   Spiders
b)   Dragonflies
c)   Slugs

5 What is a spider's web made from?
a)   Plants
b)   Wood
c)   Silk

6 Which creepy crawly has a shell on its back?
a)   Earthworm
b)   Slug
c)   Snail

7 Which kind of ant lays eggs?
a)   Queen
b)   Worker
c)   Larva

8 Which of these creepy crawlies can swim?
a)   Earthworm
b)   Adult dragonfly
c)   Water spider

9 What do treehoppers look like?
a)   Leaves
b)   Thorns
c)   Sticks

10 Which creepy crawly is the noisiest?
a)   Slug
b)   Cicada
c)   Bee

Find the answers on page 32.

GLOSSARY

abdomen The lower part of an insect that contains the stomach and in females produces the eggs.

antennae The sensitive "feelers" on the head of an insect that are used to touch, taste, or smell.

arachnids The group of animals with eight legs, such as spiders and scorpions.

colonies Groups of the same type of animal, such as ants and honeybees, that live and work together.

compound eyes The type of eyes found in many insects. Each eye is made up of thousands of tiny lenses packed together.

exoskeleton The outer skeleton of an insect or spider that supports and protects the rest of the body.

habitats The natural homes of animals or plants.

insects The group of animals that have six legs and three body sections.

invertebrates The group of animals, such as insects and mollusks, without a backbone.

larvae The young of an insect.

metamorphosis When a larva, such as a caterpillar, completely changes its body as it turns into an adult.

mollusks The group of animals, such as slugs and snails, that have soft bodies. Most mollusks' bodies are protected with hard outer shells.

molting When an insect or spider sheds its outer skin before growing into its new one.

nectar The sweet liquid produced by flowers and eaten by bees and other insects.

nymphs Young insects, such as young grasshoppers, that look like tiny copies of their parents.

pollination The transfer of pollen—by animals or the wind—between flowers.

prey An animal that is hunted or killed by another animal.

pupae The stage during metamorphosis when young insects change into adults.

species A particular type of animal or plant.

spiderlings Young spiders.

tentacles On a snail, the long stalks that contain the eyes.

thorax The middle section of an insect that contains the legs and sometimes the wings.

tracheae The tiny breathing tubes in an insect.

INDEX

Answers to the Creepy Crawly Quiz on page 30

★ 1 c ★ 2 a ★ 3 c ★ 4 b ★ 5 c ★ 6 c ★ 7 a ★ 8 c ★ 9 b ★ 10 b

1000

MEGA ACTIVIDADES

RODEA LA INICIAL DE CADA DIBUJO.

M A D

U Y P

G U M

ENCUENTRA EN LA CUADRÍCULA LAS PALABRAS QUE APARECEN A CONTINUACIÓN.

A	A	L	A	P	I	Z	A	A
A	A	A	A	A	A	A	A	A
A	A	L	I	B	R	O	A	A
A	A	A	A	A	A	A	A	A
B	O	L	I	A	A	A	A	A
A	A	G	O	M	A	E	R	A

LIBRO   BOLI

LÁPIZ   GOMA

COLOCA LAS IMÁGENES EN EL ORDEN CORRECTO.

REPASA EL CAMINO PARA QUE EL LADRILLO LLEGUE AL MURO.

UNE LOS PUNTOS DEL 1 AL 25 Y COLOREA EL DIBUJO.

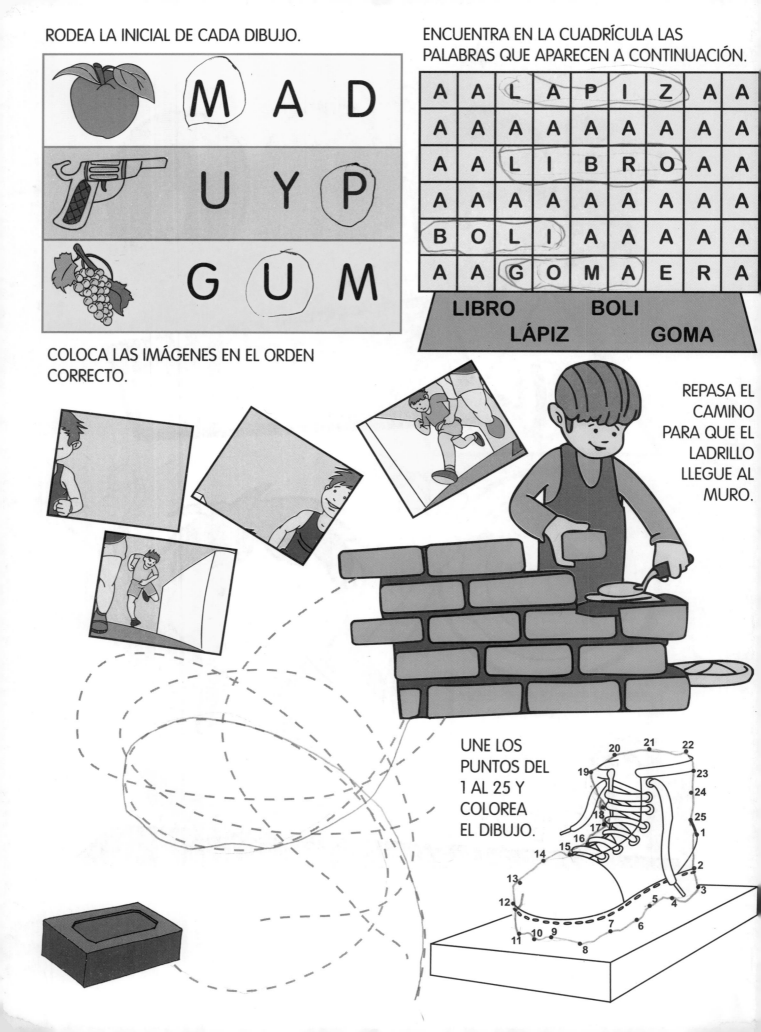

EN CADA UNA DE LAS FILAS RODEA
EL ELEMENTO DISTINTO.

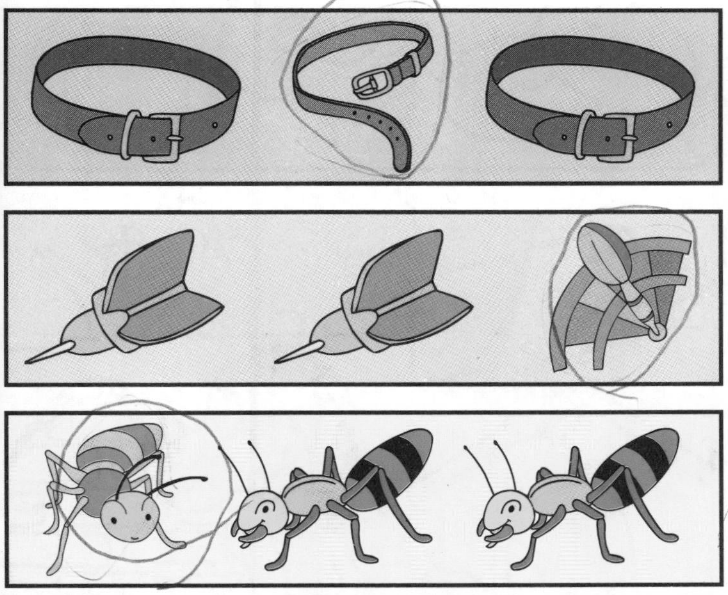

RODEA LA PALABRA CORRECTA.

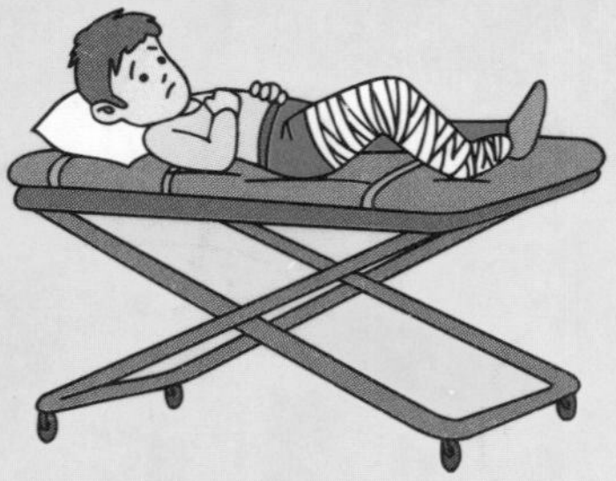

paciente

enfermera

pintor

barrendero

estudiante

profesora

RODEA EL ELEMENTO MÁS PEQUEÑO DE
CADA CONJUNTO.

¿CUÁNTOS LIBROS HAY? TACHA
EL CÍRCULO CORRECTO.

7

11

8

13

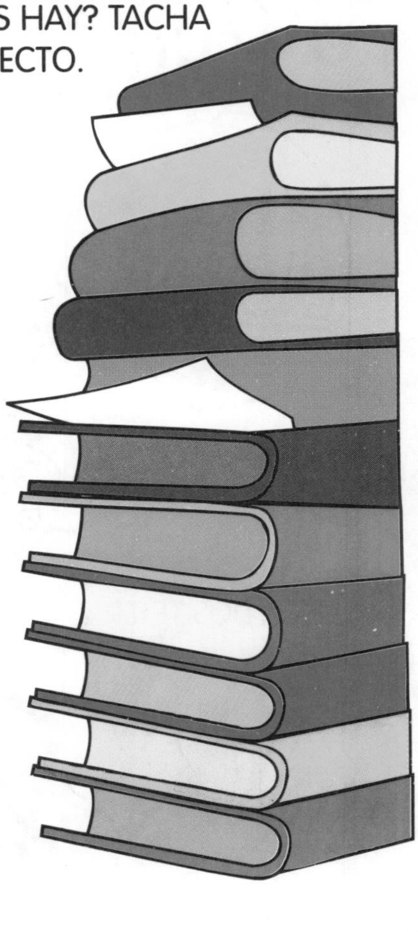

UNE LOS DIBUJOS CON SUS INICIALES.

M   R   F   H

ESCRIBE EL NÚMERO CORRECTO EN LOS BOLLOS.

RODEA EL DIBUJO RECTANGULAR.

1   2

3   4

5   6

2, 4, 5

RELLENA LOS HUECOS Y COLOREA EL DIBUJO.

C O CH e

COLOREA EL DIBUJO.

G O R R A

COLOREA DOS TETERAS.

2

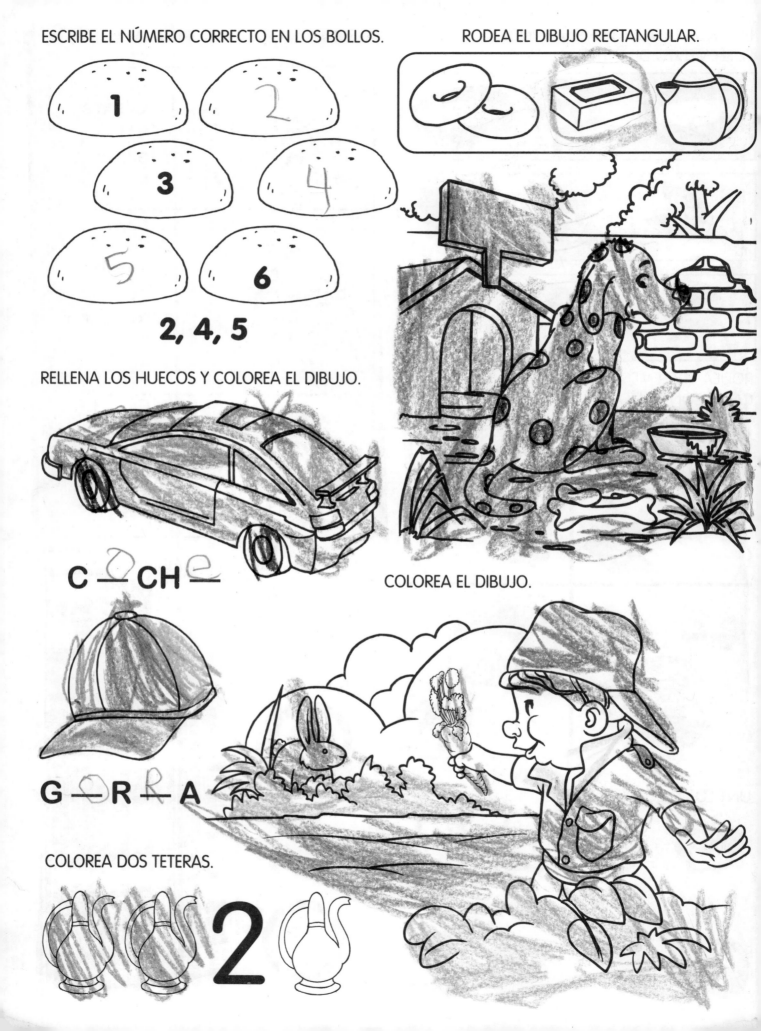

REPASA EL DIBUJO Y COLORÉALO.

REPASA LA LÍNEA QUE UNE A ESTA NIÑA CON SU LIBRO.

UNE EL DIBUJO CON SU SOMBRA.

UNE LOS PUNTOS DEL 1 AL 10 Y COLOREA EL DIBUJO.

OBSERVA LAS SIGUIENTES CIFRAS Y ENCUENTRA LA LETRA DEL CÓDIGO SECRETO QUE TIENE EL MISMO NÚMERO DE PUNTOS. ESCRIBE CADA LETRA EN EL LUGAR CORRESPONDIENTE.

p u e r t a
2 1 4 3 5 6

• = U   •• = P   ⋮ = R
: = E   ⋮⋮ = T   ⋮⋮ = A

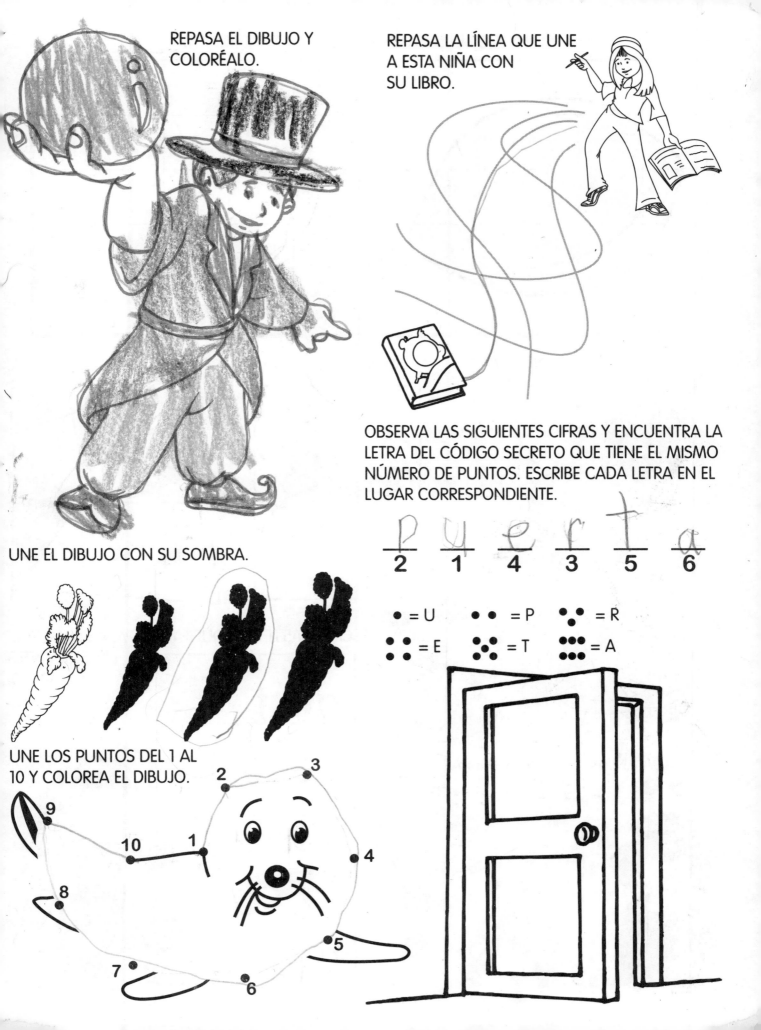

COPIA EL DIBUJO AYUDÁNDOTE DE LA CUADRÍCULA.

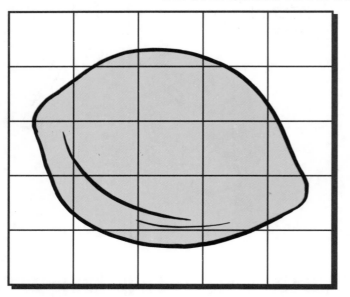

AYUDA A ESTE NIÑO A ENCONTRAR EL ESTANQUE.

SEÑALA CON UNA FLECHA DÓNDE DEBE IR CADA PIEZA.

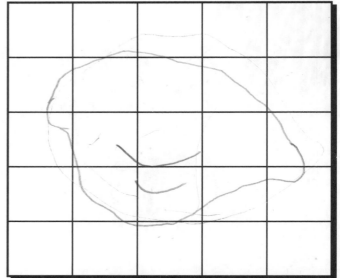

ESCRIBE LAS LETRAS QUE FALTAN PARA COMPLETAR LAS SIGUIENTES PALABRAS.

g a t o

pe l ot a

c a j a

f o c a

b r isa

UNE CADA ANIMAL CON SU SOMBRA.

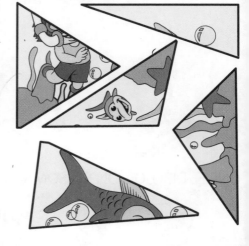

UNE LAS PAREJAS.

UNE LOS PUNTOS DEL 1 AL 10
Y COLOREA EL DIBUJO.

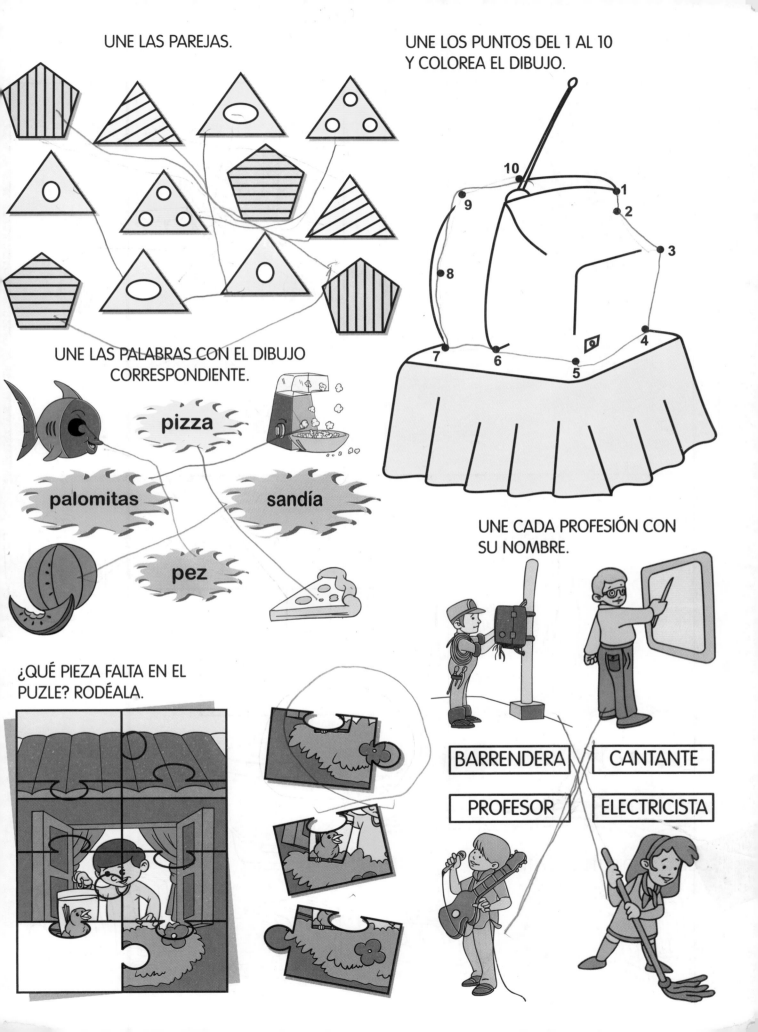

UNE LAS PALABRAS CON EL DIBUJO
CORRESPONDIENTE.

pizza

palomitas

sandía

pez

UNE CADA PROFESIÓN CON
SU NOMBRE.

BARRENDERA   CANTANTE

PROFESOR   ELECTRICISTA

¿QUÉ PIEZA FALTA EN EL
PUZLE? RODÉALA.

ENTRE ESTOS DOS DIBUJOS HAY 5 DIFERENCIAS. ENCUÉNTRALAS.

REPASA LAS LÍNEAS Y COLOREA
EL DIBUJO.

FÍJATE EN LAS PISTAS Y COMPLETA
LA CUADRÍCULA.

RODEA LOS DIBUJOS IDÉNTICOS.

¿CUÁNTOS NIÑOS HAY? ¿Y CAMAS? EN CADA CASO, RODEA EL NÚMERO CORRESPONDIENTE.

AYUDA A ESTE PERRO A ENCONTRAR SU PELOTA.

2   3   4

2   4

UNE EL DIBUJO CON SU SOMBRA.

COLOREA EN CADA FILA TANTOS ELEMENTOS COMO INDICA EL NÚMERO.

2

1

3

COLOREA DE AZUL LOS ELEMENTOS NUMERADOS.

4

1

6

2

RODEA LA BOMBILLA DIFERENTE.

5   3

UNE LOS PUNTOS DEL 1 AL 15 Y COLOREA EL DIBUJO.

UNE CADA DIBUJO CON LA PALABRA CORRESPONDIENTE.

SOL

ÁRBOL

CAMIÓN

TREN

TAMBOR

ESCRIBE LAS LETRAS
QUE FALTAN PARA COMPLETAR
LAS PALABRAS.

plátano
manzana
mango

COPIA EL DIBUJO AYUDÁNDOTE
DE LA CUADRÍCULA.

¿QUÉ PIEZA FALTA PARA ACABAR EL PUZLE?
RODÉALA.

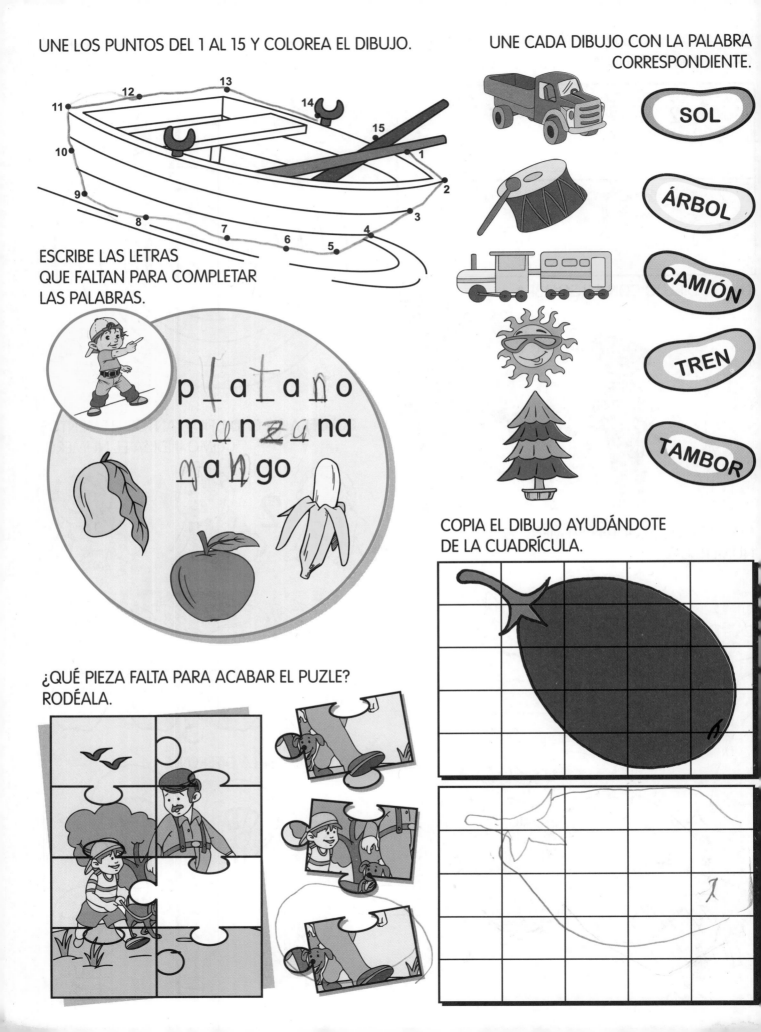

ENTRE ESTOS DOS DIBUJOS HAY CINCO DIFERENCIAS. RODÉALAS.

RODEA EL ELEMENTO DISTINTO EN CADA FILA.

COLOREA EL DIBUJO.

RODEA LOS ANIMALES GRANDES Y HAZ UNA CRUZ SOBRE LAS CRÍAS.

UNE CADA DIBUJO CON SU INICIAL.

P

M

H

A

UNE LAS PAREJAS DE FORMAS.

DIBUJA EN LA CASILLA VACÍA UN OBJETO QUE EMPIECE POR LA LETRA «A». DESPUÉS, COLORÉALO.

UNE EL AVIÓN CON SU SOMBRA.

REPASA EL DIBUJO Y COLORÉALO.

UNE LOS PUNTOS DEL 1 AL 15 Y COLOREA EL DIBUJO.

8 9 10 11 12 13 14 15

7 6 5 4 3 2 1

COLOREA LOS △ DE AZUL
Y LOS ☐ DE VERDE.

UNE LOS DIBUJOS IDÉNTICOS.

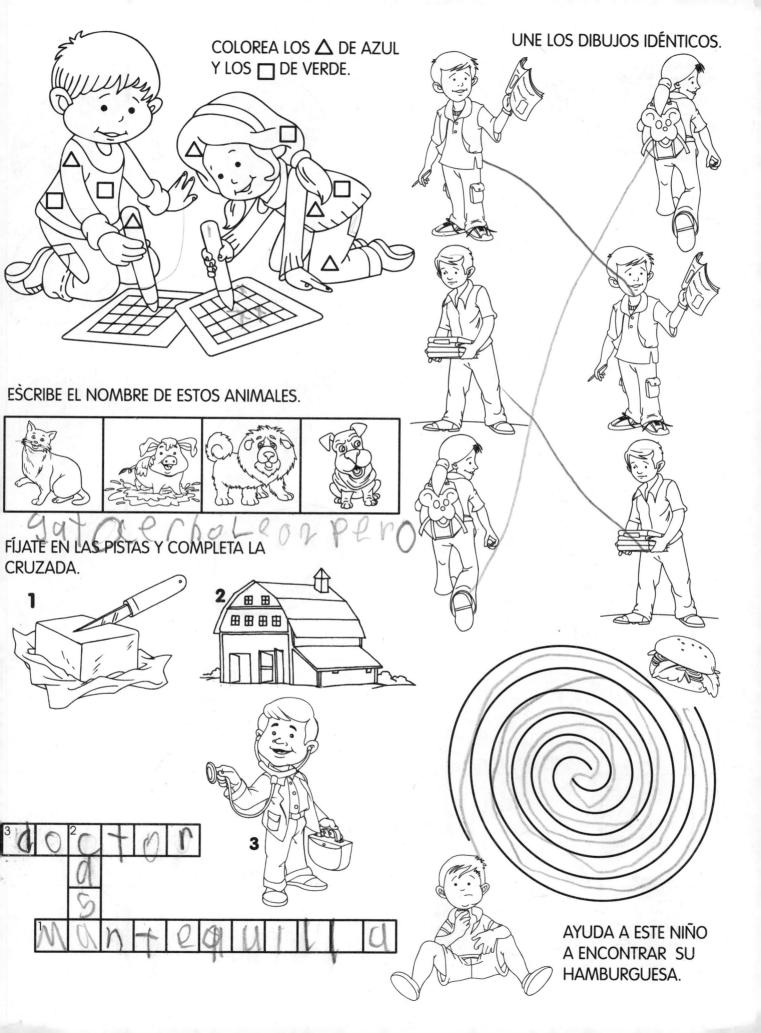

ESCRIBE EL NOMBRE DE ESTOS ANIMALES.

gato   cerdo   Leon   pero

FÍJATE EN LAS PISTAS Y COMPLETA LA
CRUZADA.

1

2

3

doctor
d
s
mantequilla

AYUDA A ESTE NIÑO
A ENCONTRAR SU
HAMBURGUESA.

UNE LA TAZA CON SU SOMBRA.

UNE LAS PAREJAS.

RODEA LOS NÚMEROS EN ESTE DIBUJO.

5 1 4 3 2

COPIA EL DIBUJO AYUDÁNDOTE DE LA CUADRÍCULA.

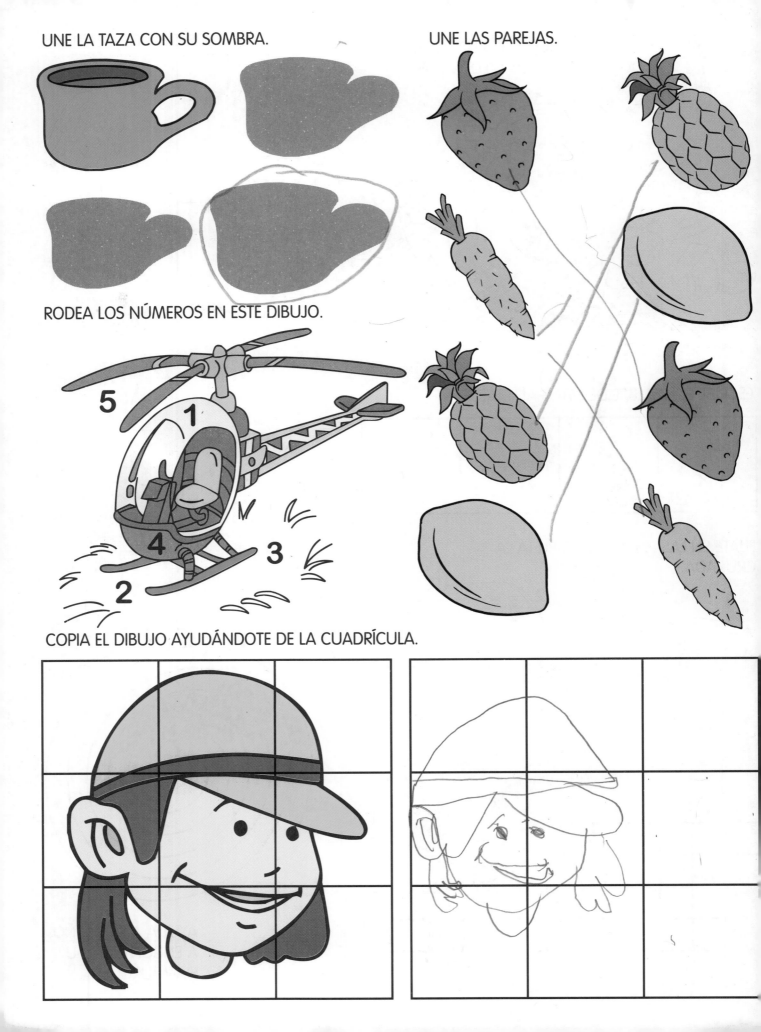

AYUDA A ESTE NIÑO A ENCONTRAR SU PELOTA.

ENCUENTRA LAS PALABRAS EN LA CUADRÍCULA.

B	B	B	B	N	A	D	A	R
B	S	A	L	T	A	R	B	B
C	O	M	E	R	B	B	B	B
B	B	B	B	B	B	B	B	B
B	B	B	C	O	R	R	E	R
A	N	D	A	R	B	B	B	B

CORRER   NADAR   COMER
SALTAR   ANDAR

¿CUÁL ES EL NOMBRE DE CADA UNO DE ESTOS ANIMALES?

PERRO

DELFÍN

PÁJARO

ORUGA

UNE LOS DIBUJOS CON SUS NOMBRES.

CREMALLERA

RELOJ   BARCO

RUEDA

UNE LOS PUNTOS DEL 1 AL 10 Y COLOREA EL DIBUJO.

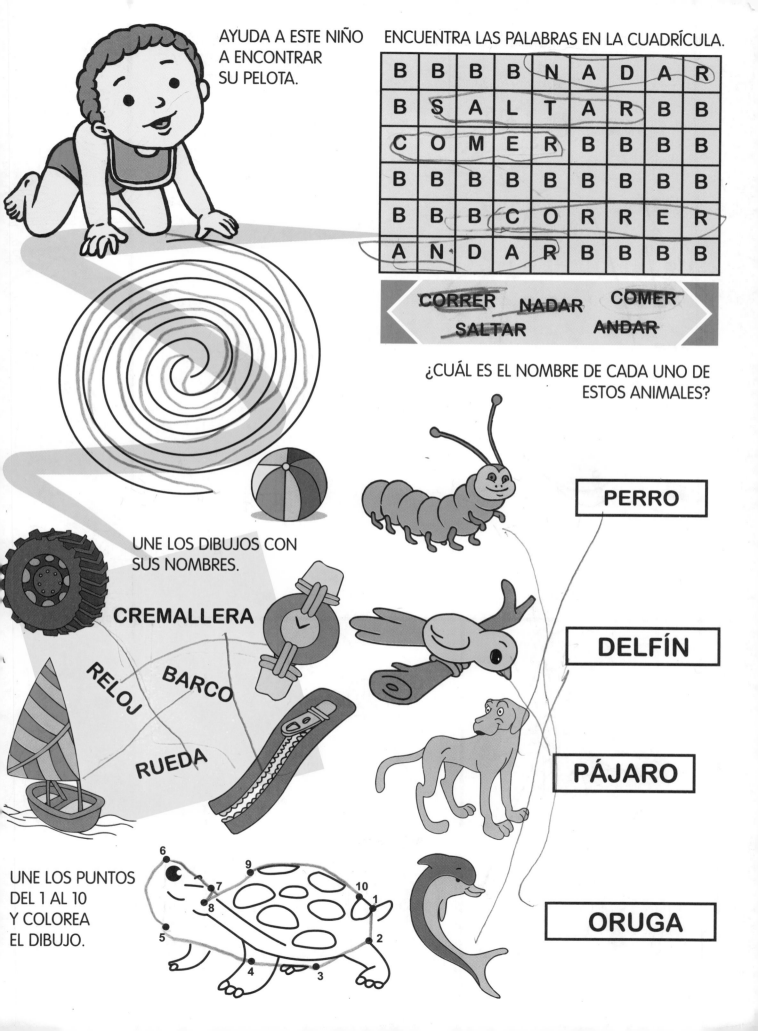

UNE LOS PUNTOS Y COLOREA EL DIBUJO.

ORDENA LAS LETRAS Y ESCRIBE LAS PALABRAS CORRECTAMENTE.

14
13
15
1
2
12
3
4
11
5
10
6
9
7
8

I Ñ A N

niña

E S T U N T E D I A   N O I Ñ

Estudiante niño

BUSCA LAS 5 DIFERENCIAS.

RODEA AL PERSONAJE QUE TRABAJA PREPARANDO RICOS PLATOS.

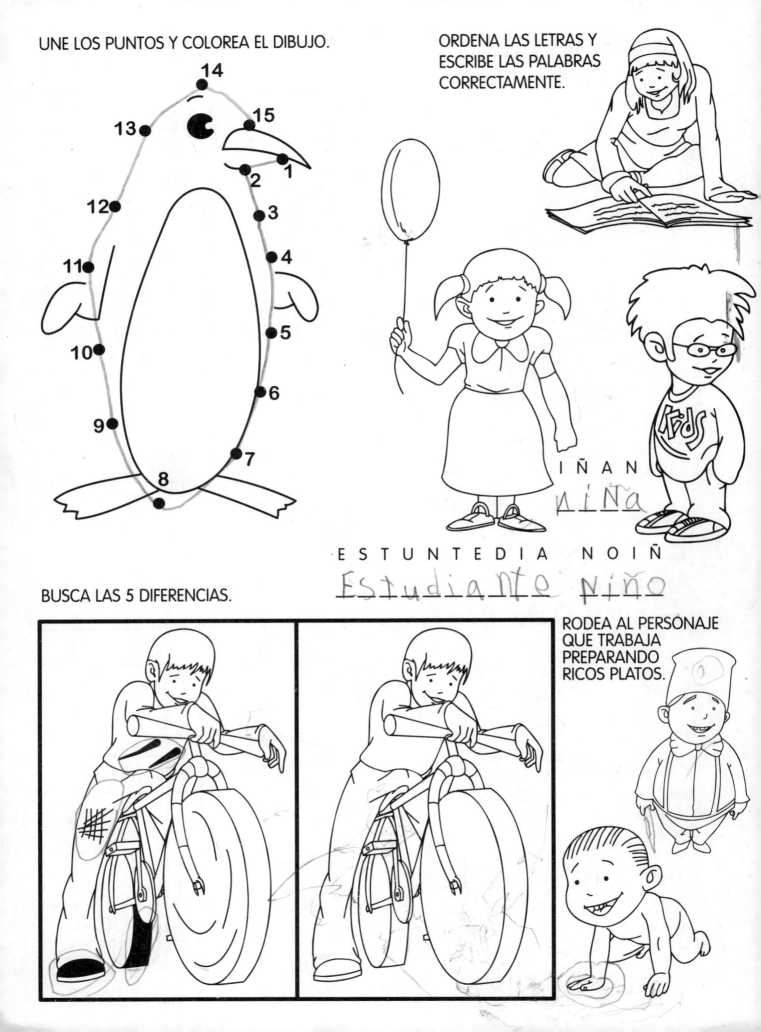

COLOREA
EL DIBUJO.

ENCUENTRA LAS 5 DIFERENCIAS.

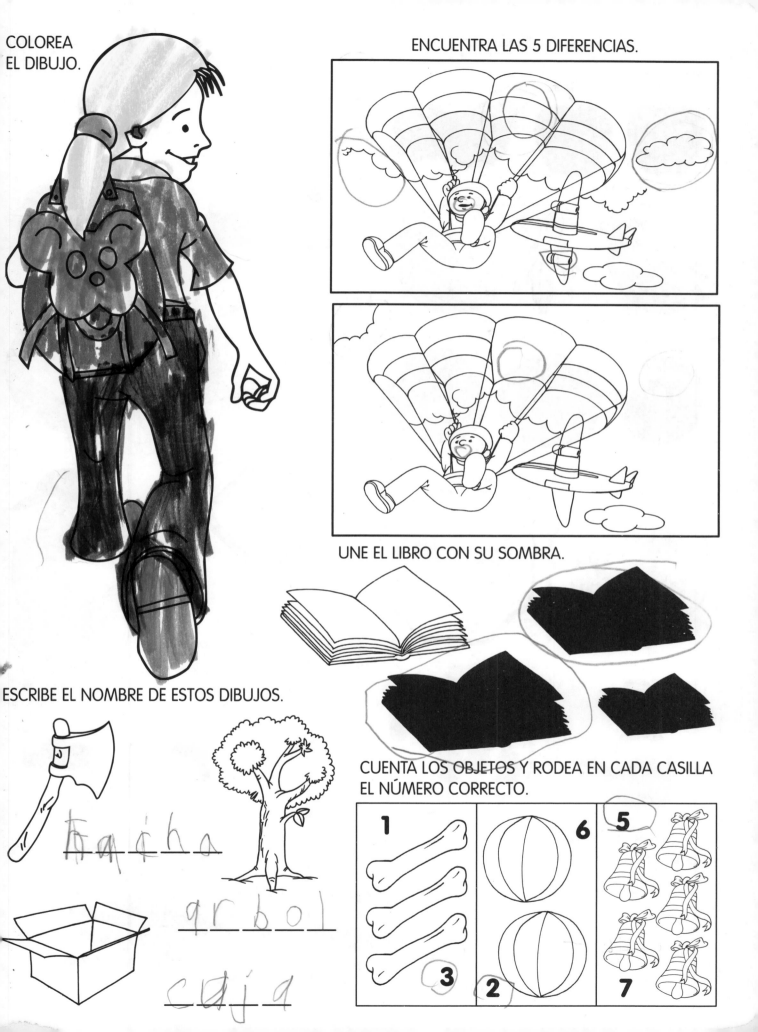

UNE EL LIBRO CON SU SOMBRA.

ESCRIBE EL NOMBRE DE ESTOS DIBUJOS.

hacha

arbol

caja

CUENTA LOS OBJETOS Y RODEA EN CADA CASILLA
EL NÚMERO CORRECTO.

1   6   5

3   2   7

RODEA LOS ELEMENTOS DIFERENTES.

¿CUÁL ES EL NOMBRE DE CADA UNO DE ESTOS ALIMENTOS? ÚNELOS CON FLECHAS.

HAMBURGUESA   JUDÍAS

PASTEL   TARTA

¿CUANTOS GLOBOS TIENE ESTE NIÑO? RODEA EL NÚMERO CORRECTO.

5

8   3

6

RODEA EL ELEMENTO MÁS PEQUEÑO.

¿CUÁNTOS HUEVOS HAY? RODEA EL NÚMERO CORRECTO.

4   2

5   6

ORDENA LAS LETRAS PARA COMPLETAR LAS PALABRAS.

GaTo   PLumero

AGTO   PLUROME

sorteo   Barco

SOROTE   CORAB

UNE EL VASO CON SU SOMBRA.

RODEA LOS NÚMEROS QUE APARECEN EN EL DIBUJO.

HAZ PAREJAS.

DIBUJA TRES HOJAS MÁS EN LA RAMA.

COPIA ESTE DIBUJO EN LA CUADRÍCULA.

ORDENA LAS PIEZAS Y RECONSTRUYE EL DIBUJO.

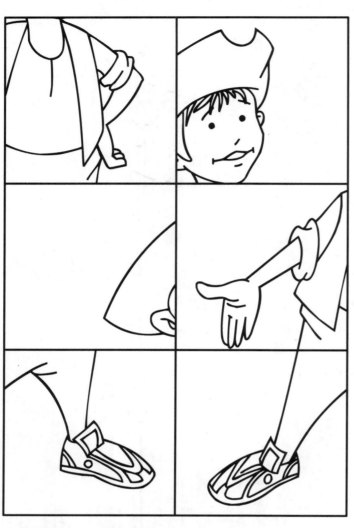

AYUDA A ESTE PÁJARO A ENCONTRAR SU NIDO.

RODEA LA PALABRA QUE DESCRIBE A ESTE PERSONAJE.

DOCTOR

PACIENTE

PINTOR

LADRÓN

FÍJATE EN LAS PISTAS Y COMPLETA LAS CASILLAS.

1 | | | | | | | | |

2 | | | | | | | | |

3 | | | | | | |

COLOREA ESTE DIBUJO.

UNE CADA NÚMERO CON EL CONJUNTO
QUE LE CORRESPONDE.

TRES

DOS

CUATRO

¿CÓMO SE LLAMA CADA FORMA?

rectángulo

óvalo

círculo

triángulo

cuadrado

rombo

UNE LOS DIBUJOS CON SUS NOMBRES.

bolso

bate

oso

vaca

silla

cama

RODEA EN CADA FILA LAS PALABRAS QUE RIMEN.

loca	pez	rayo	boca
luna	suma	duna	lugar
taza	masa	caza	peso

UNE CADA PALABRA CON LA PARTE DEL CUERPO
A LA QUE CORRESPONDE. DESPUÉS, COLOREA
EL DIBUJO.

ojo

nariz

oreja

boca

brazo

mano

pelo

DIBUJA
5 ESTRELLAS
EN EL ÁRBOL.

TRAZA UN CAMINO DESDE
LOS PANTALONES A LA
CREMALLERA.

REPASA Y COLOREA LA SIGUIENTE
FORMA Y ESCRIBE SU NOMBRE.

CUENTA LOS ELEMENTOS Y RODEA EN CADA
FILA EL NÚMERO CORRESPONDIENTE.

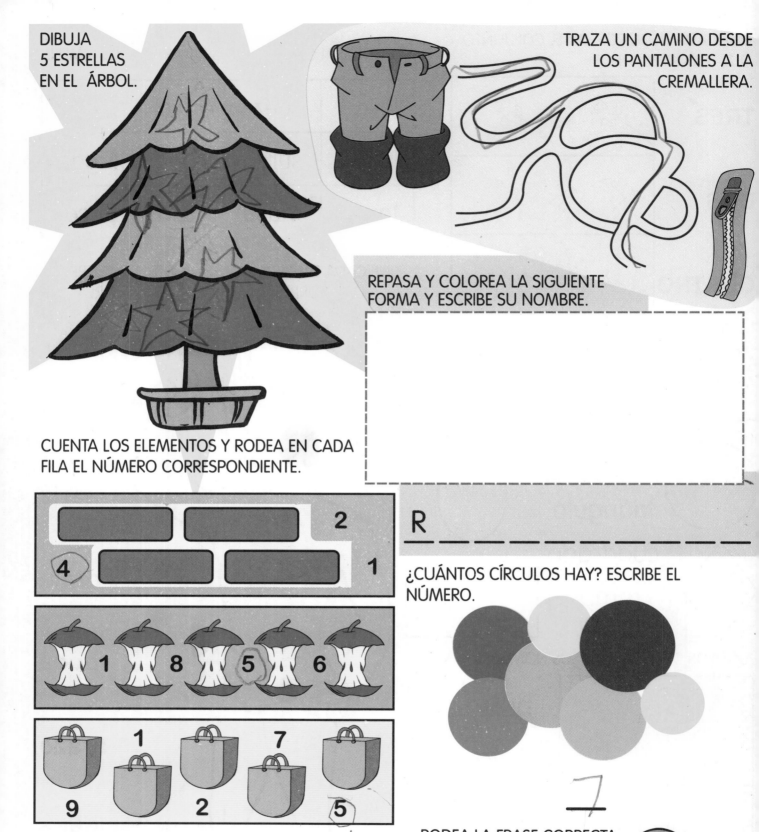

R _ _ _ _ _ _ _ _ _ _ _ _ _

¿CUÁNTOS CÍRCULOS HAY? ESCRIBE EL
NÚMERO.

7

COMPLETA LA SERIE.

RODEA LA FRASE CORRECTA.

ESTÁN NADANDO.   ESTÁN DURMIENDO.

RODEA LA PALABRA CORRECTA.

regalo
juego
caja
martillo
sierra
cesta

UNE CADA DIBUJO CON SU NOMBRE.

COCHE

AMBULANCIA

TREN

MOTO

RODEA LAS SIGUIENTES PALABRAS:
BOTA • FALDA • GUANTES • BLUSA

C	F	A	L	D	A	C	C	C
C	C	C	C	B	L	U	S	A
C	C	C	C	C	C	C	C	C
B	O	T	A	C	C	C	C	C
C	C	G	U	A	N	T	E	S
C	C	C	C	C	C	C	C	C

UNE LOS PUNTOS
Y COLOREA
EL DIBUJO.

ORDENA LAS PIEZAS PARA COMPLETAR
EL DIBUJO.

A B C

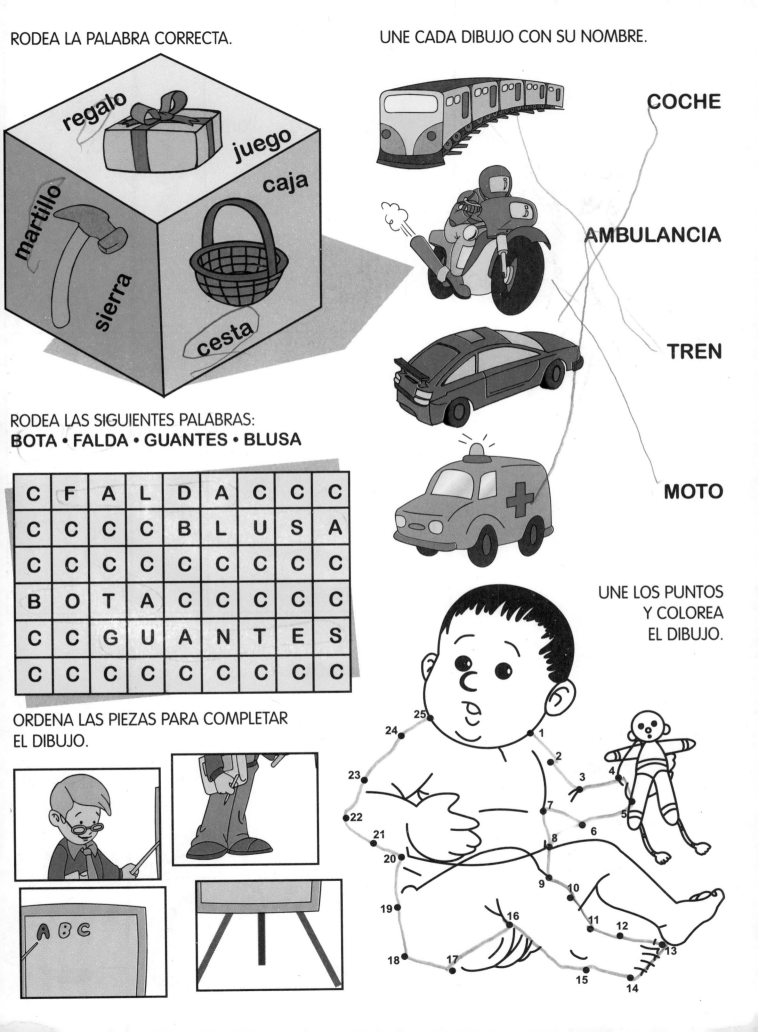

UNE LOS CONTRARIOS.

RODEA LA PALABRA QUE DESCRIBE EL DIBUJO.

MAL

NUEVO

MÁS

ABAJO

VIEJO

MENOS

ARRIBA

BIEN

DIBUJA UN CAMINO PARA QUE EL RATÓN
LLEGUE A SU AGUJERO.

jugar   llorar

niña

niño

helado

fruta

andar

dormir

COLOREA LOS NOMBRES DE LAS FRUTAS
DE SU COLOR REAL.

UVAS

PERA

FRESA

KIWI

UNE LOS PUNTOS DEL
1 AL 20.

COLOREA ESTA HABITACIÓN
DE ROSA Y VERDE.

¿ATRAPARÁ EL ÁGUILA AL RATÓN? SEÑALA EL CAMINO.

UNE CADA DIBUJO CON SU NOMBRE.

¿QUÉ CANDADO ES IDÉNTICO AL
DE LA PUERTA? RODÉALO.

paraguas

pez

alfombra

UNE LOS PUNTOS DEL 1 AL 10 PARA COMPLETAR
EL DIBUJO.

flor

RODEA LOS ELEMENTOS DIFERENTES.

RODEA LOS ELEMENTOS PEQUEÑOS.

UNE CADA DIBUJO CON SU INICIAL.

C   LL   P

UNE EL POLLITO CON SU SOMBRA.

¿CUÁNTOS PECES HAY EN ESTE
DIBUJO? RODEA EL NÚMERO
CORRECTO.

5   6

3

4

AYUDA A PABLO A ENCONTRAR
A SU PERRO.

DIBUJA ESTA FLOR EN LA CUADRÍCULA EN BLANCO Y COLORÉALA.

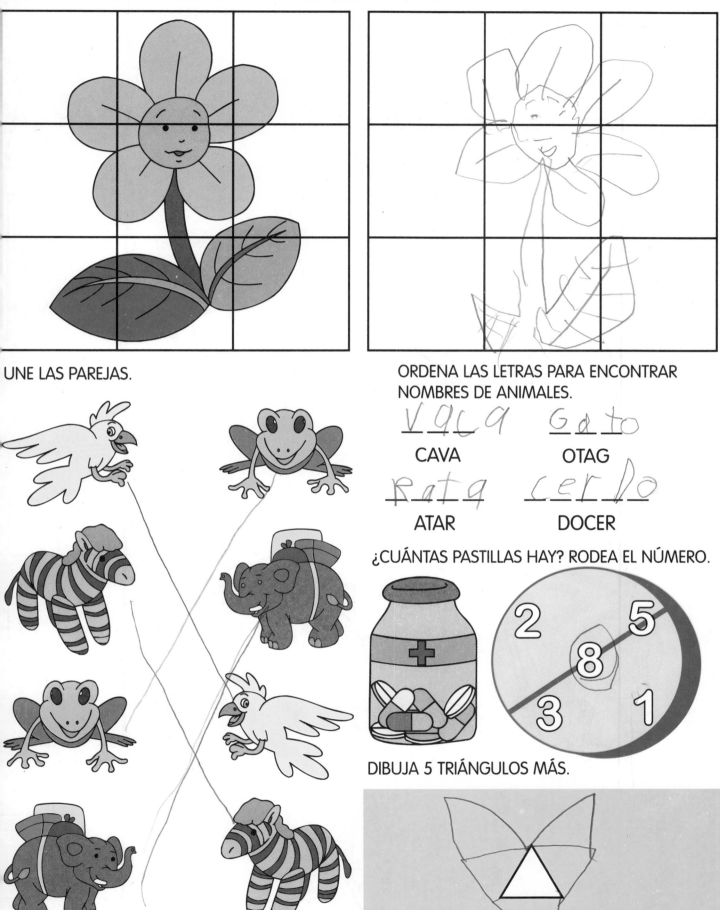

UNE LAS PAREJAS.

ORDENA LAS LETRAS PARA ENCONTRAR
NOMBRES DE ANIMALES.

VaCa   Gato

CAVA   OTAG

Rata   cerdo

ATAR   DOCER

¿CUÁNTAS PASTILLAS HAY? RODEA EL NÚMERO.

2   5
8
3   1

DIBUJA 5 TRIÁNGULOS MÁS.

COLOREA EL DIBUJO QUE DESCRIBE LA FRASE.

Un árbol frondoso.

El niño está jugando.

Un oso de peluche.

NUMERA LAS VIÑETAS PARA ORDENAR LA ESCENA.

RODEA LOS NÚMEROS CAMUFLADOS EN EL DIBUJO.

ESCRIBE LOS NÚMEROS QUE FALTAN PARA RESOLVER LAS SUMAS.

		2		
		+		
6	–	2	=	
		=		
6	+		=	10

ORDENA LAS LETRAS Y ESCRIBE LAS PALABRAS.

tase   oli   taap

1

2

3

USA LAS LETRAS QUE APARECEN A CONTINUACIÓN
PARA FORMAR 3 NUEVAS PALABRAS.

COLOREA LOS DIBUJOS IDÉNTICOS.

| b | s | e | n | e | v | o |

_____ _____

_____

UNE LAS PROFESIONES CON SUS NOMBRES.

BARRENDERO

ENTRE ESTOS DOS DIBUJOS HAY 5 DIFERENCIAS.
ENCUÉNTRALAS.

BAILARINA

MAGO

ORDENA LAS LETRAS.

irgte   _ _ _ _ _ _

delinf   _ _ _ _ _ _

oeln   _ _ _ _ _

noom   _ _ _ _ _

DIBUJA CINCO GOTAS EN EL CAMIÓN CISTERNA.

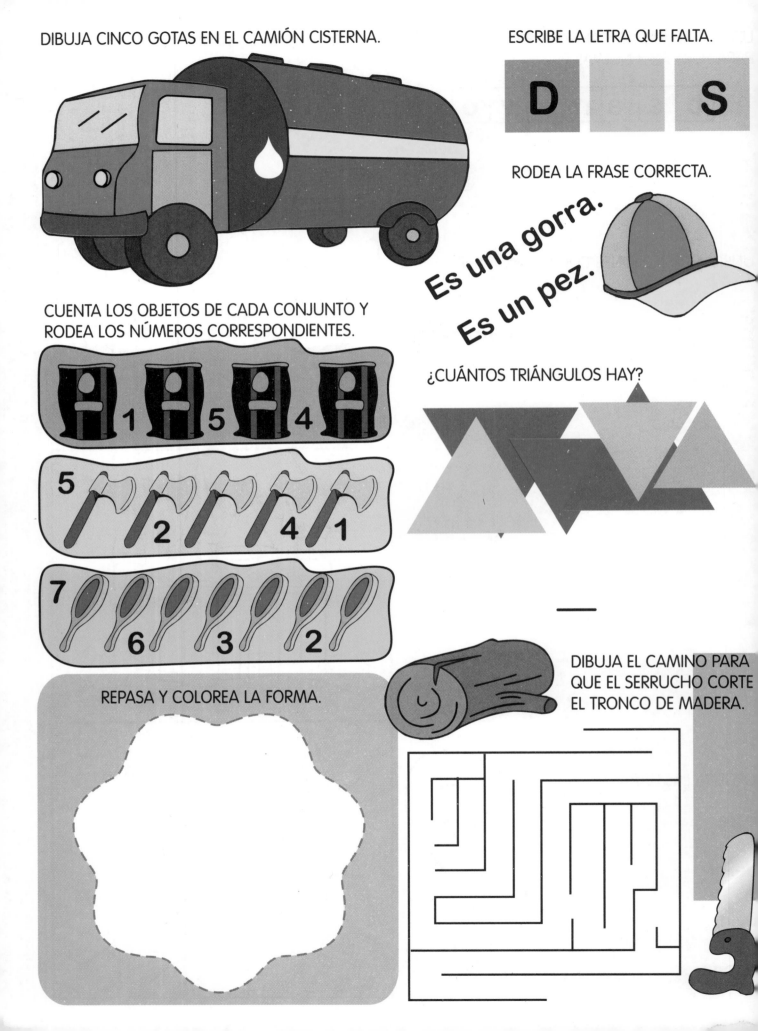

ESCRIBE LA LETRA QUE FALTA.

D ___ S

RODEA LA FRASE CORRECTA.

Es una gorra.

Es un pez.

CUENTA LOS OBJETOS DE CADA CONJUNTO Y
RODEA LOS NÚMEROS CORRESPONDIENTES.

1   5   4

5   2   4   1

7   6   3   2

¿CUÁNTOS TRIÁNGULOS HAY?

___

REPASA Y COLOREA LA FORMA.

DIBUJA EL CAMINO PARA
QUE EL SERRUCHO CORTE
EL TRONCO DE MADERA.

UNE LAS PALABRAS CON LOS DIBUJOS.

UNE LOS DIBUJOS CON SUS NOMBRES.

guitarra
niña
mano
bidón

AURICULARES

CAMA

CUBO DE BASURA

TAZA

BUSCA EL NOMBRE DE LAS FRUTAS EN LA CUADRÍCULA.

U	V	A	S	D	D	D	D	D
D	N	A	R	A	N	J	A	D
P	I	Ñ	A	D	D	D	D	D
M	A	N	Z	A	N	A	D	D
D	P	L	A	T	A	N	O	D

PIÑA   UVAS   PLÁTANO
MANZANA   NARANJA

ORDENA LAS PIEZAS PARA COMPLETAR EL DIBUJO.

TACHA EL HUESO DIFERENTE.

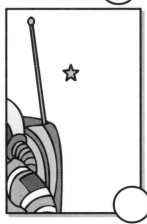

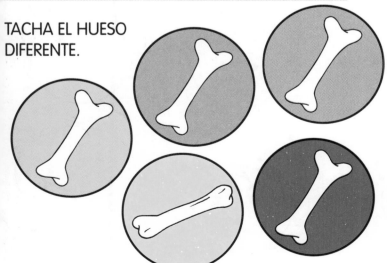

¿CUÁNTAS PATAS TIENE UNA ARAÑA?
RODEA EL NÚMERO CORRECTO.

2   3   4

1   5

8   7   6

ESCRIBE LA INICIAL DE CADA UNO
DE LOS DIBUJOS EN LOS CÍRCULOS.

UNE LOS PUNTOS DEL 1 AL 20.

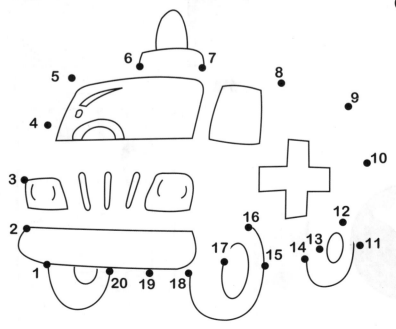

ESCRIBE EN LA COLUMNA DE LA DERECHA
PALABRAS QUE RIMEN CON LAS QUE
APARECEN EN LA DE LA IZQUIERDA.

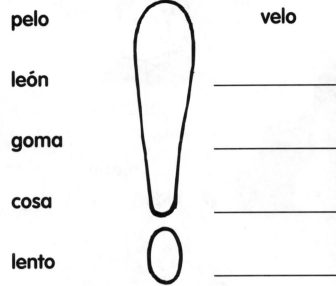

pelo   velo

león   _____

goma   _____

cosa   _____

lento   _____

RODEA EL ELEMENTO INTRUSO Y COLOREA
EL RESTO

COLOREA LA CARA DE LOS NIÑOS QUE ESTÁN
FELICES.

COLOREA EL DIBUJO.

ESCRIBE LOS NÚMEROS QUE FALTAN PARA COMPLETAR LA SERIE.

2 4 ◯ 8 ◯ 12

UNE LOS DIBUJOS IDÉNTICOS.

AYUDA A ESTA NIÑA A ENCONTRAR EL CUCHILLO PARA PARTIR SU TARTA.

REPASA Y COLOREA EL DIBUJO.

COLOREA DOS ELEMENTOS.

2

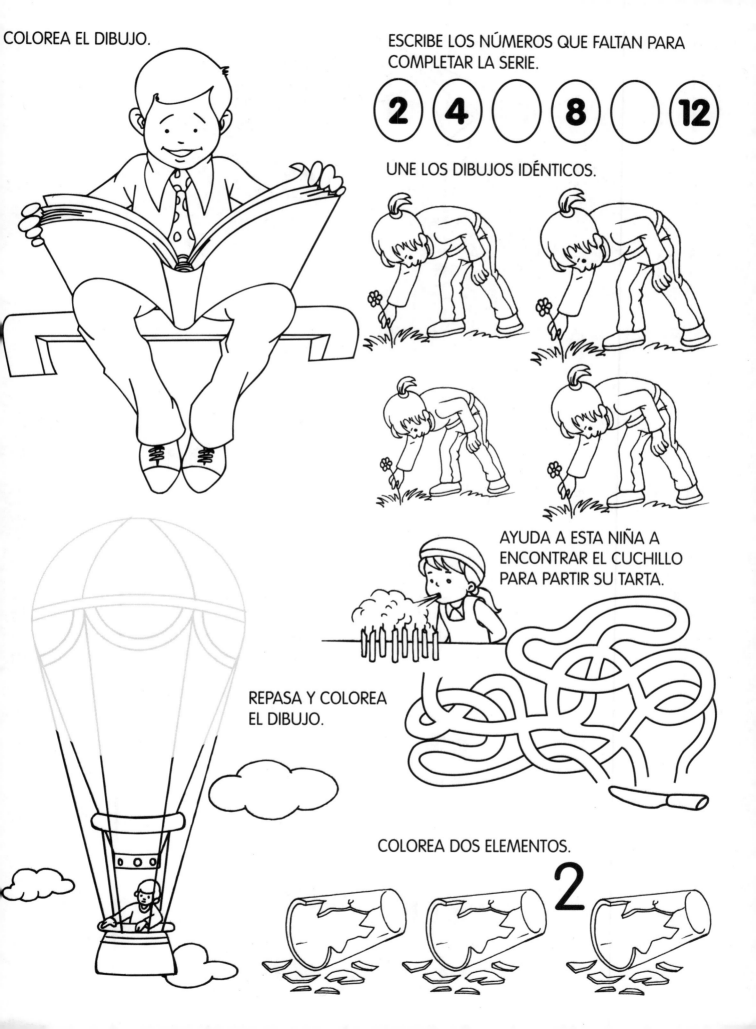

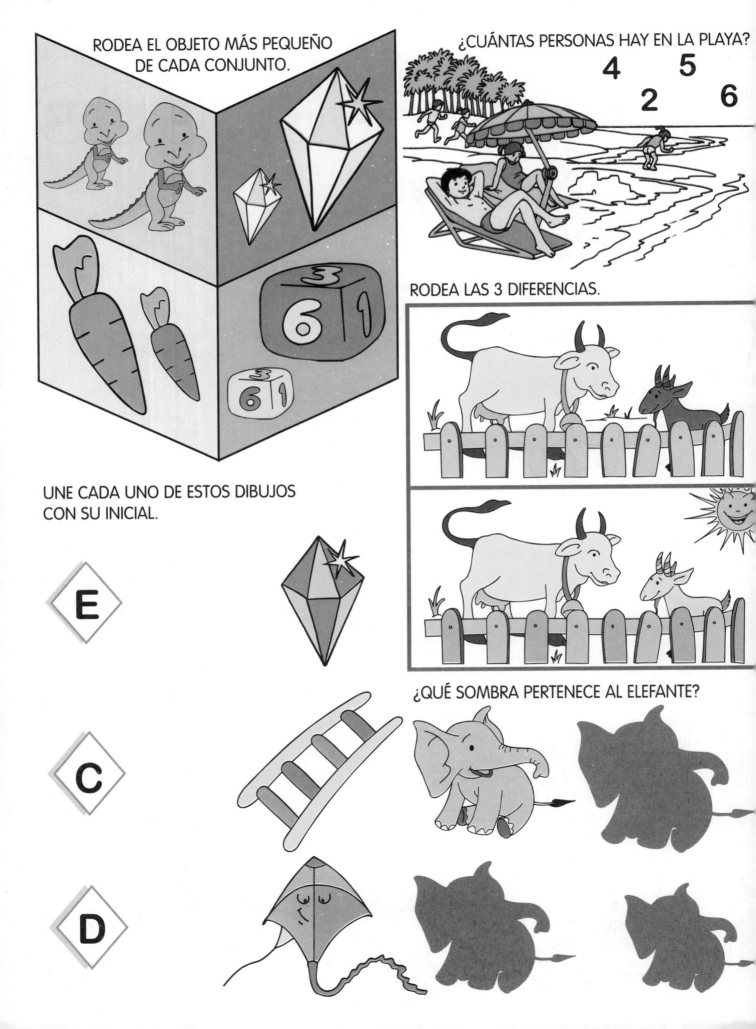

RODEA EL OBJETO MÁS PEQUEÑO
DE CADA CONJUNTO.

¿CUÁNTAS PERSONAS HAY EN LA PLAYA?

4   5
2   6

RODEA LAS 3 DIFERENCIAS.

UNE CADA UNO DE ESTOS DIBUJOS
CON SU INICIAL.

E

C

D

¿QUÉ SOMBRA PERTENECE AL ELEFANTE?

HAZ PAREJAS.

UNE LOS ELEMENTOS IGUALES.

CUENTA LOS OBJETOS DE CADA CONJUNTO Y
RODEA EL NÚMERO CORRESPONDIENTE.

2	5	4
5	2	3
6	3	5
		1

RODEA LOS NÚMEROS
DEL DIBUJO.

ORDENA LAS LETRAS PARA FORMAR PALABRAS.

_ _ _ _   _ _ _ _ _

OSPA   CRNEA

_ _ _ _ _   _ _ _ _ _

LLOOP   FRTUA

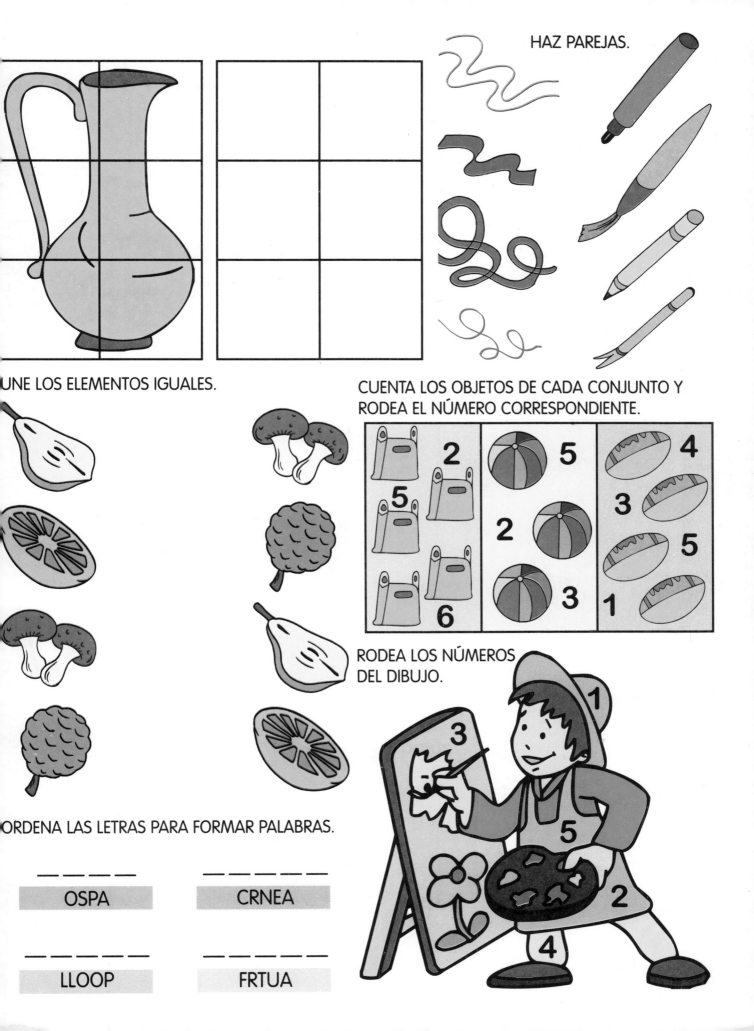

¿QUÉ CAMINO DEBE TOMAR
EL LOBO PARA CAZAR
AL CONEJO?

UTILIZA LAS LETRAS DE LA PALABRA QUE APARECE A
CONTINUACIÓN PARA FORMAR 3 PALABRAS MÁS.

u n i v e r s a l

1. _____

2. _____

3. _____

ORDENA LAS LETRAS.

TROAS _ _ _ _ _

CLOIE _ _ _ _ _

OLS _ _ _

NALU _ _ _ _

UNE CADA DIBUJO CON SU NOMBRE.

dados

zumo

tractor

ESCRIBE EL NOMBRE DE ESTOS
ALIMENTOS.

_ _ _ _ _ _ _ _ _ _

_ _ _ _ _ _ _ _

_ _ _ _ _ _ _

_ _ _

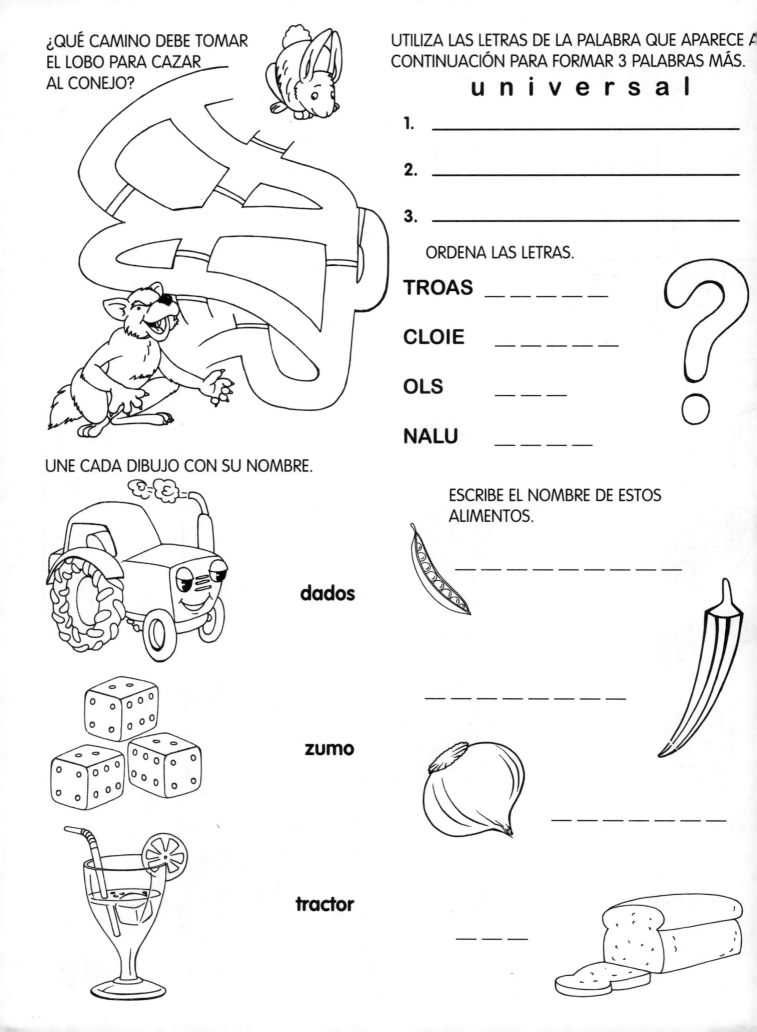

COLOREA LOS DOS DIBUJOS IDÉNTICOS.

ENCUENTRA CINCO DIFERENCIAS ENTRE ESTOS DOS DIBUJOS.

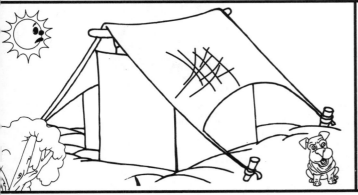 

ESCRIBE LA INICIAL DE CADA UNO DE LOS DIBUJOS.

  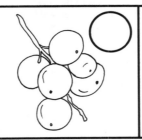  

UNE LOS PUNTOS DEL 1 AL 30.

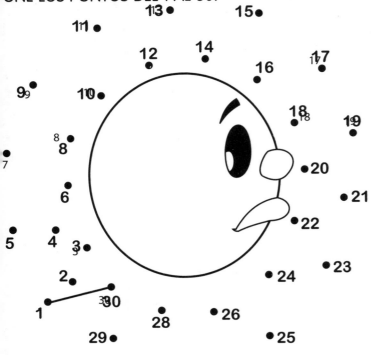

¿CUÁNTAS FLORES HAY? COLOREA EL NÚMERO CORRECTO.

8
6   4

AYUDA A ESTE NIÑO A ENCONTRAR SU GORRA.

ESCRIBE LOS NÚMEROS QUE FALTAN.

2 ___ 6
___ 6 9

ESCRIBE EL NÚMERO QUE FALTA
PARA COMPLETAR LASERIE.

5   ___   15

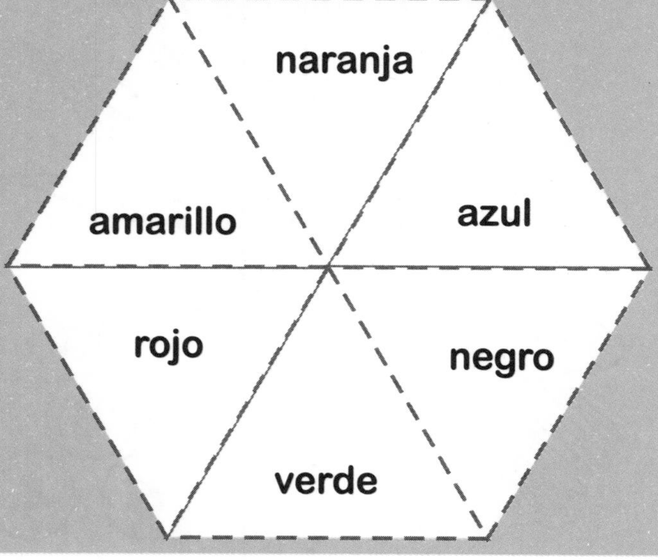

RODEA LA FRASE CORRECTA.

Esto es un reloj.

Esto es un guante.

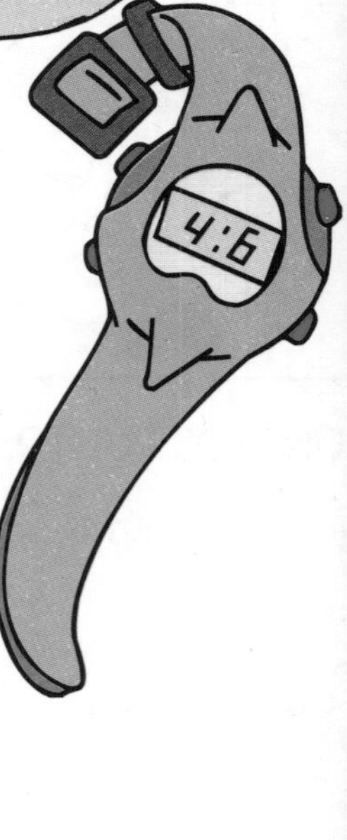

¿CUÁNTAS ESTRELLAS HAY?

___

REPASA Y COLOREA EL HEXÁGONO.

naranja

amarillo   azul

rojo   negro

verde

BUSCA LAS PALABRAS DE ABAJO EN LA CUADRÍCULA.

D	D	D	F	E	L	I	Z	D
T	R	I	S	T	E	D	D	D
D	I	A	D	D	R	I	S	A
D	D	D	D	D	D	D	D	D
D	D	D	D	D	D	S	O	L

DÍA		FELIZ	
SOL	RISA		TRISTE

UNE LOS DIBUJOS CON SUS NOMBRES.

BRAZO

MANO

PIE

ORDENA LAS PIEZAS PARA RECONSTRUIR EL DIBUJO.

TACHA EL OBJETO DIFERENTE EN CADA UNA DE LAS CASILLAS.

RODEA EL ELEMENTO INTRUSO.

RODEA LA SOMBRA DE MENOR TAMAÑO.

CUENTA LOS ELEMENTOS DE CADA CONJUNTO Y RODEA EL NÚMERO CORRECTO.

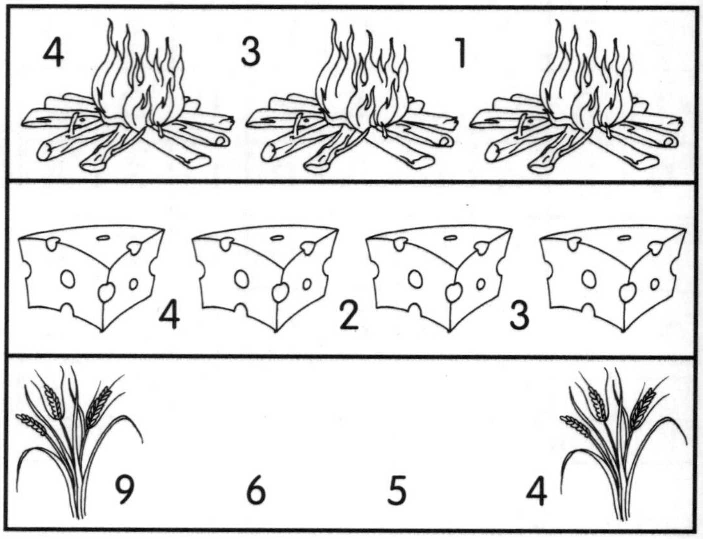

4   3   1

4   2   3

9   6   5   4

FÍJATE EN EL DIBUJO PARA RESOLVER ESTE PASATIEMPO.

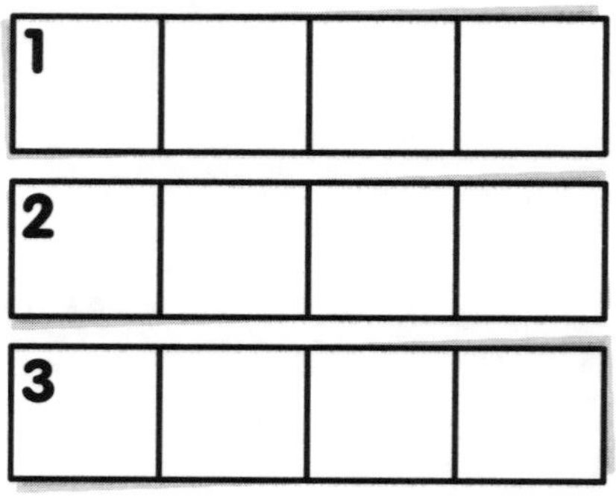

1
2
3

¿DÓNDE VIVE ESTE PERRO? COLOREA LA RESPUESTA.

COLOREA EL DIBUJO.

ESCRIBE TRES NUEVAS PALABRAS A PARTIR DE
LAS LETRAS DE «DESCUBRIMIENTO».

DIBUJA 3 CÍRCULOS EN LA PIZARRA.

descubrimiento

1. _____

2. _____

3. _____

RELACIONA ESTOS DIBUJOS UNIÉNDOLOS CON
UNA FLECHA.

ESCRIBE EL NOMBRE DE ESTOS DIBUJOS.

_ _ _ _ _ _

_ _ _ _ _ _

ORDENA LAS LETRAS PARA FORMAR EL
NOMBRE DE CRIATURAS DEL MAR.

olpou   _ _ _ _ _ _

oturnib   _ _ _ _ _ _ _

baallen   _ _ _ _ _ _ _

elfind   _ _ _ _ _ _

_ _ _ _ _ _

RODEA EL ELEMENTO MENOR DE CADA CONJUNTO.

¿CUÁNTOS REGALOS LE HAN HECHO A ESTA NIÑA?

_____

| 6 | 5 | 8 | 4 |

UNE EL DIBUJO CON SU SOMBRA.

UNE LOS DIBUJOS CON SUS INICIALES.

E

C

RODEA LOS NÚMEROS QUE APARECEN EN EL DIBUJO.

G

3

5

2

4

1

COPIA ESTE DIBUJO EN LA CUADRÍCULA EN BLANCO.

UNE LOS SOMBREROS IDÉNTICOS.

ENCUENTRA LOS 5 CÍRCULOS ESCONDIDOS EN EL DIBUJO.

DIBUJA 4 RECTÁNGULOS EN EL MOSTRADOR.

ORDENA LAS LETRAS PARA FORMAR
4 NOMBRES DE COLORES.

MDOORA   VEERD

OENGR   NNJAARA

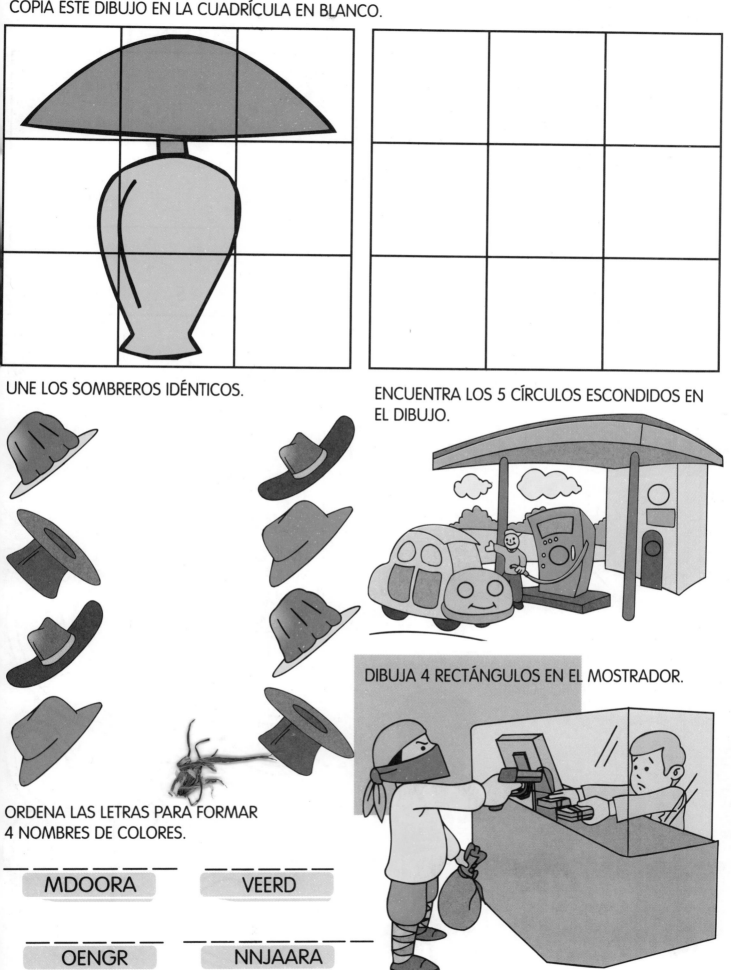

UNE LOS PUNTOS.

CUENTA LOS ELEMENTOS DE CADA CONJUNTO
Y RODEA EL NÚMERO CORRESPONDIENTE.

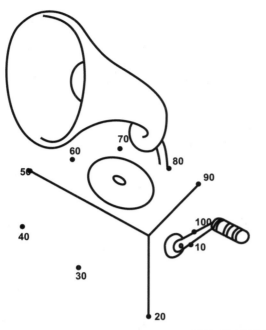

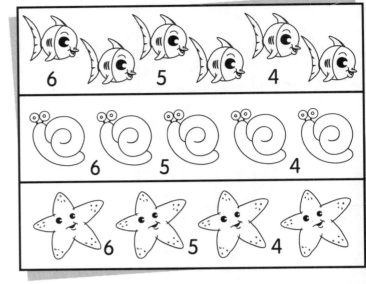

6   5   4

6   5   4

6   5   4

UNE LAS PAREJAS.

ENTRE ESTOS DOS DIBUJOS HAY 4 DIFERENCIAS.
RODÉALAS.

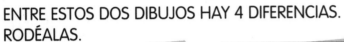

¿QUÉ CAMINO DEBE SEGUIR EL COCODRILO
PARA ENCONTRAR A LA SEÑORA TORTUGA?

UNE EL PULPO CON SU SOMBRA.

RODEA LOS ERRORES DEL DIBUJO.

ORDENA LAS PALABRAS.

BOCU

☐ ☐ ☐ ☐

SRIA

☐ ☐ ☐ ☐

SORAL

☐ ☐ ☐ ☐ ☐

ESCRIBE EL NOMBRE DE ESTE INSECTO.

◯ Ⓑ Ⓔ ◯ ◯

UNE A LA NIÑA CON SU BOLSO.

COLOREA EL DIBUJO.

CUENTA LOS OBJETOS DE CADA CONJUNTO Y RODEA EL NÚMERO CORRESPONDIENTE.

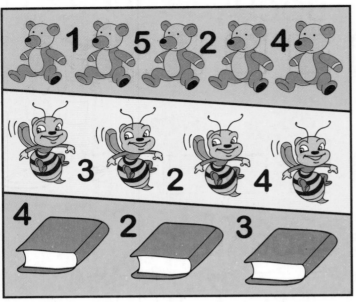

1 5 2 4

3 2 4

4 2 3

AYUDA AL MAGO A ENCONTRAR SU SOMBRERO.

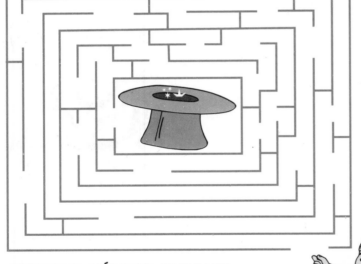

ESCRIBE EL NÚMERO QUE FALTA.

2 3

1

6 5

REPASA LA ESTRELLA Y COLORÉALA.

TACHA LA FRASE INCORRECTA.

Es una cuchara.

Es un sombrero.

¿CUÁNTAS HOJAS HAY? ESCRIBE LA RESPUESTA EN NÚMERO Y LETRA.

UNE LOS DIBUJOS CON SUS NOMBRES.

COCHE

PERCHA   **SOMBRERO**

TALADRADORA   **HELADO**

NUMERA LAS PIEZAS Y ORDENARÁS LA IMAGEN.

¿CUÁNTOS RECTÁNGULOS HAY EN LA
PANTALLA DEL ORDENADOR?

DOS   DIEZ

SEIS   CINCO

COMPLETA ESTAS DOS SERIES DE NÚMEROS.

UNE LOS INSECTOS CON SUS NOMBRES.

HORMIGA

ABEJA

MARIPOSA

MARIQUITA

UNE CADA PALABRA CON LA
ZONA QUE CORRESPONDA
DEL DIBUJO.

ZAPATOS

LIBROS

CAMISA

PANTALÓN

RODEA EL ELEMENTO DIFERENTE.

ESCRIBE 4 PALABRAS QUE EMPIECEN POR «H».

H

RODEA LA SOMBRA CORRECTA.

ESCRIBE LAS LETRAS QUE FALTAN.

ORDENA ESTE DIBUJO.

PE ◯ OTA

◯ ERRO

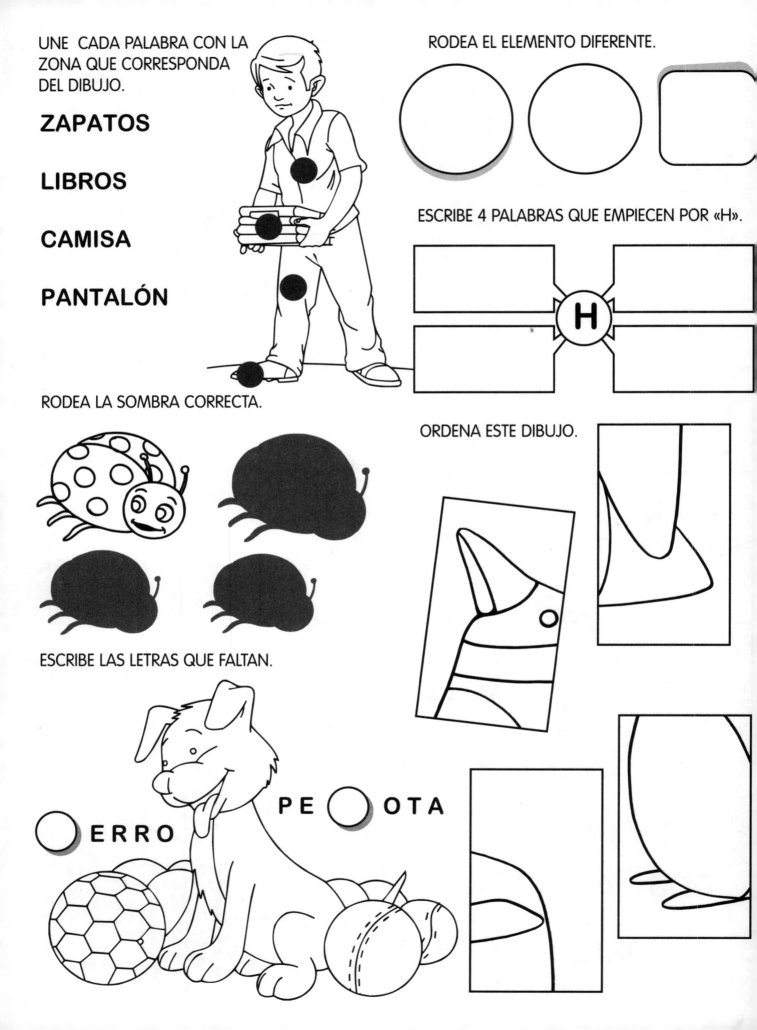

REPASA LAS FORMAS PARA COMPLETAR LA COLCHA DE RETALES.

UNE LAS LETRAS DE LA «A» A LA «Z».

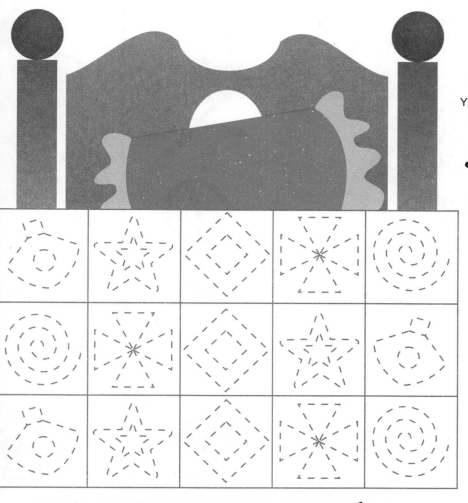

UNE EL DIBUJO CON SU SOMBRA Y COLORÉALO.

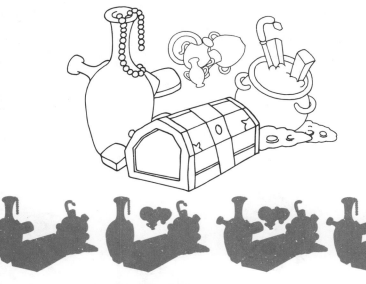

ESCRIBE EL NOMBRE DE LOS NÚMEROS EN LAS TIZAS CORRESPONDIENTES.

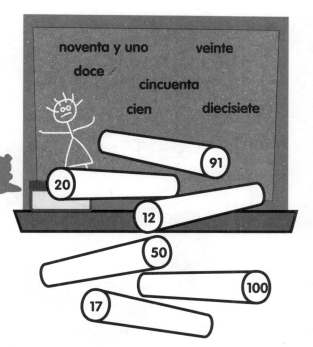

novena y uno   veinte

doce

cincuenta

cien   diecisiete

91
20
12
50
100
17

¿CUÁNTOS CÍRCULOS VES? ESCRIBE EL RESULTADO.

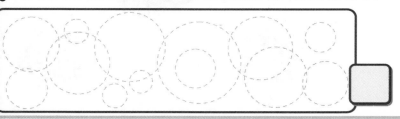

ESCRIBE LA INICIAL DE CADA UNO
DE ESTOS ANIMALES EN LA RULETA.

¿CUÁL DE ESTOS DIBUJOS
EMPIEZA POR «M»? RODÉALO.

RODEA EL ANIMAL INTRUSO
EN CADA FILA.

AYUDA A MAMÁ PÁJARO A
ENCONTRAR SU NIDO.

UNE LAS DOS MARIQUITAS
IDÉNTICAS.

ESCRIBE 3 PALABRAS QUE EMPIECEN POR LAS LETRAS QUE APARECEN EN LOS GLOBOS.

SIGUE LOS NÚMEROS DE 5 EN 5 PARA QUE EL CONEJO SE COMA LAS ZANAHORIAS.

UNE LOS PUNTOS Y COLOREA EL DIBUJO.

REPASA LOS PUNTOS PARA SABER QUÉ SE ARRASTRA ENTRE LA HIERBA.

RODEA EL DIBUJO QUE EMPIEZA POR «L».

COLOREA LA COMETA
DE CADA NIÑO DEL COLOR
DE SU CAMISETA.

SACA AL RATÓN DEL LABERINTO PARA QUE
EL GATO NO PUEDA COMÉRSELO.

¿CUÁNTAS ESTRELLAS AZULES HAY?

COMPLETA LOS NOMBRES DE LOS
SIGUIENTES DIBUJOS.

USA LAS LETRAS Q
APARECEN EN LAS HOJ
DE LA MAZOR
PARA COMPLET
LAS PALABR

1 p_ngüi_o

2 f_ech_

3 _a_a

4 con_j_

5 pu_p_

6 t_l_f_n_

_ado
_aso
_eso

_asa
_ata
_arta

l

p

r

m

r

t

DOS DE ESTOS PERROS SON IDÉNTICOS. RODÉALOS.

¿QUÉ NÚMERO SE REPITE EN CADA IGLÚ?
RODÉALO.

COMPLETA EL DIBUJO.

1	2	3
4	5	6
7	8	2

9	6	3
8	5	2
7	9	1

7	8	9
4	6	5
7	3	1

CUENTA Y ESCRIBE EL RESULTADO.

UNE LOS PUNTOS Y COLOREA EL DIBUJO.

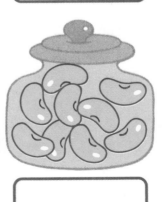

UNE LOS PUNTOS Y COLOREA EL DIBUJO.

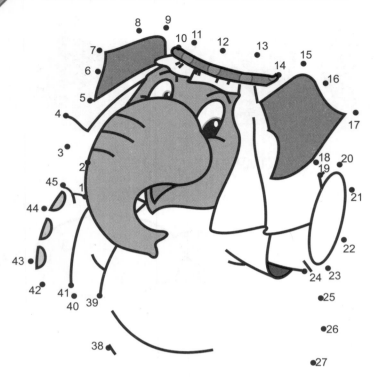
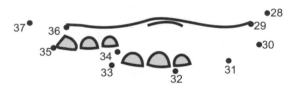

SIGUE LA SERIE
Y DIBUJA LAS
CUENTAS PERDIDAS.

EMPIEZA
AQUÍ

UNE LOS MÚLTIPLOS DE 3.

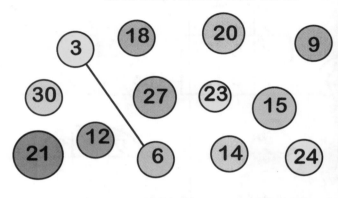

3   18   20   9

30   27   23   15

21   12   6   14   24

ENCUENTRA LAS 5 DIFERENCIAS
Y COLOREA LOS DIBUJOS.

UNE A LA NIÑA CON SU SOMBRA.

EN CADA COLUMNA, COLOREA EL ELEMENTO CON EL MISMO TAMAÑO.

¿CUÁNTOS COCHES TIENE ESTE NIÑO?

HAY ◯ COCHES.

BUSCA EN LA SOPA DE LETRAS 8 MEDIOS DE TRANSPORTE.

C	A	R	R	O	A	T
M	O	T	O	T	U	R
C	O	C	H	E	T	A
B	S	L	B	T	O	C
U	J	K	I	R	B	T
S	E	B	C	E	U	O
P	A	T	I	N	S	R

REPASA EL DIBUJO Y COLORÉALO COMO MÁS TE GUSTE.

COLOREA LAS ZONAS CON UN PUNTO.

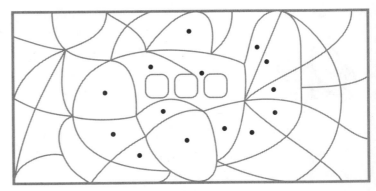

DIBUJA 7 VELAS EN LA TARTA
PARA QUE ESTE NIÑO
PUEDA SOPLARLAS.

REPASA Y COLOREA.

COMPLETA Y COLOREA EL DIBUJO DE LA DERECHA
FIJÁNDOTE EN EL MODELO.

UNE CADA ANIMAL CON SU CRÍA.
DESPUÉS, COLORÉALAS.

CUENTA LAS FORMAS DE ESTA ALFOMBRA
Y ESCRIBE EL RESULTADO.

COLOREA EL DIBUJO FIJÁNDOTE EN EL CÓDIGO DE COLORES DE ABAJO.

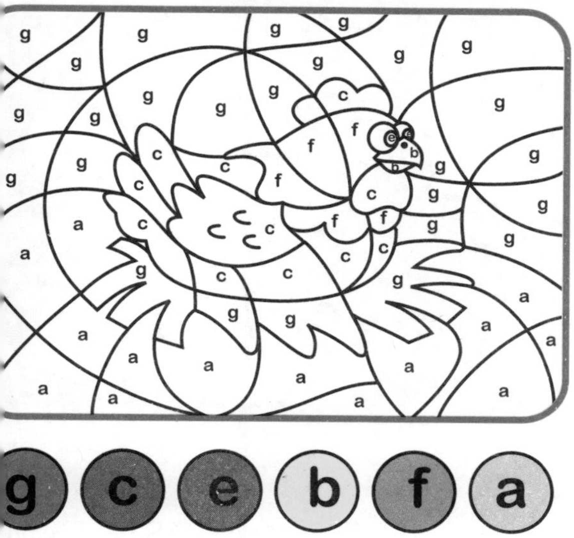

COMPLETA EL DIBUJO Y COLORÉALO.

g   c   e   b   f   a

DIBUJA EL CAMINO MÁS CORTO PARA QUE LA GRULLA LLEGUE AL ESTANQUE.

RODEA LOS OBJETOS QUE EMPIEZAN POR «S».

ORDENA LAS LETRAS Y ESCRIBE NOMBRE DE ESTOS DOS ANIMALES.

F I D
L   _ E _ F _ N   D
E N

N B L
N   B _ _ _ _ N A   A
L E A

REPASA LOS DIBUJOS Y COLORÉALOS.

CUENTA LAS FORMAS
DE ESTE DIBUJO Y ESCRIBE
EL RESULTADO.

ESCRIBE PALABRAS QUE RIM
CON LAS QUE APARECEN
A CONTINUACIÓN.

camión

silla

CUENTA LOS GUSANOS Y ESCRIBE
EL RESULTADO DENTRO DEL
CÍRCULO AMARILLO.

¿QUÉ HA PEDIDO ESTER PARA SU CUMPL
SIGUE LAS LETRAS DEL LABERINTO Y LO SABRÁ
DESPUÉS, ESCRIBE LA PALABRA EN LOS CÍRCULO

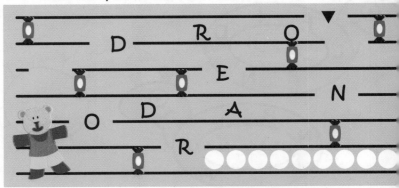

COLOREA LOS DIBUJOS
Y ESCRIBE «DÍA» Y «NOCHE»
DONDE CORRESPONDA.

COPIA LAS FORMAS Y ESCRIBE
DEBAJO SU NOMBRE.

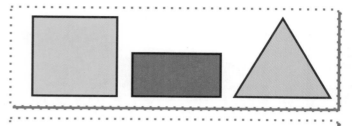

ESCRIBE EN LAS NUBES PALABRAS
RELACIONADAS CON CADA UNO DE LOS
DIBUJOS.

UNE LOS OPUESTOS.

BUSCA LOS NOMBRES DE 5 ÁRBOLES
EN LA SOPA DE LETRAS.

grande

pequeño

nuevo

viejo

limpio

sucio

r	o	b	l	e	a
s	t	e	a	k	l
a	k	r	p	p	e
u	s	u	a	i	r
c	p	m	l	n	c
c	a	k	m	o	e
e	p	e	r	a	l

ORDENA LAS LETRAS DE CADA
PRENDA DE VESTIR Y ESCRIBE
SU NOMBRE.

T R Ú
N O I N C

P A
N A O
N T
L A

E C I A
T
M
S A

MIEL

17 18 19 20 21 22 23 24
16 25
15 26
14 27
13 28
12 29
11 30
10 31
9 32
8 33
7 34
6 35
5 36 37
3 4 38 39
2 40 41
1
50
47 44
49 46 45
48 43 42

UNE LOS PUNTOS Y COLORE
EL DIBUJ

p
S A A D N I

p
N P O A
T A L

¿QUÉ NOMBRE DE FRUTA SE
ESCONDE EN CADA UNO DE LOS
GLOBOS? ESCRIBE LA RESPUESTA
EN LA CESTA CORRESPONDIENTE.

puerta

chimenea

silla

tenedor

DESCIFRA
EL CÓDIGO.

0 = A
1 = N
2 = L
3 = F
4 = E
5 = T

4 2 4 3 0 1 5 4

UNE LAS PALABRAS CON EL
DIBUJO CORRESPONDIENTE.

COLOREA EL DIBUJO QUE
IDÉNTICO AL PRIMERO.

REPASA EL DIBUJO Y COLORÉALO SIGUIENDO
EL MODELO.

¿CUÁNTAS MANCHAS GRANDES
TIENE LA RANA? ¿Y PEQUEÑAS?

GRANDES

PEQUEÑAS ◯   TOTAL ◯

¿CUÁNTAS ARAÑAS HAY?

COLOREA DE ROSA LAS ZONAS CON UN PUNTO Y DE VERDE EL
RESTO DEL DIBUJO. ¿CUÁNTOS PUNTOS HAY?

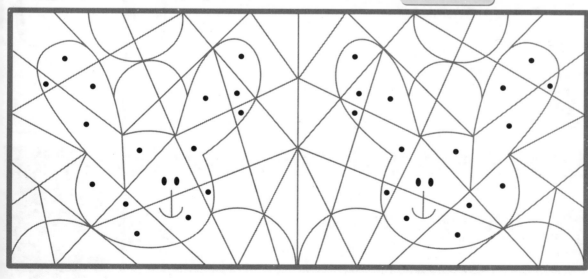

COLOREA LAS ZANAHORIAS CUYAS SUMAS DEN COMO RESULTADO 20.

20 + 4   15 + 5   1 + 24   5 + 4   12 + 8

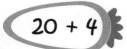 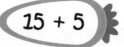 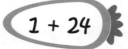 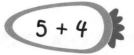

¿CUÁNTAS EFES MAYÚSCULAS HAY?
¿Y MINÚSCULAS? ESCRIBE EL RESULTADO.

COMPLETA EL MUÑECO DE NIEVE.

HAY ☐ «F»

Y ☐ «f»

ESCRIBE EN LOS BARCOS LOS DÍAS DE LA SEMANA.

LUNES   JUEVES

ESCRIBE PALABRAS QUE RIMEN CON LAS
QUE APARECEN A CONTINUACIÓN.

RODEA LA INICIAL DE
CADA UNO DE
LOS DIBUJOS.

b d e

h l o

AYUDA
A LA RANA A
ENCONTRAR EL ESTANQUE.

león   lado

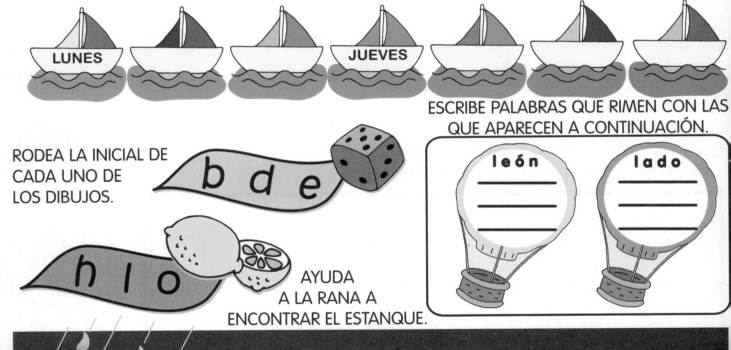

UNE EL PAVO CON SU SOMBRA.

¿CÓMO SE LLAMA ESTE NIÑO?
COLOREA LAS LETRAS ESCONDIDAS.

P A L O B

UNE LOS PUNTOS Y DESCUBRE QUÉ SE ESCONDE.

ESCRIBE LOS NÚMEROS QUE FALTAN.

10   30   50

AYUDA AL ROBOT A ENCONTRAR SU COHETE.

COMPLETA EL DIBUJO Y COLORÉALO.

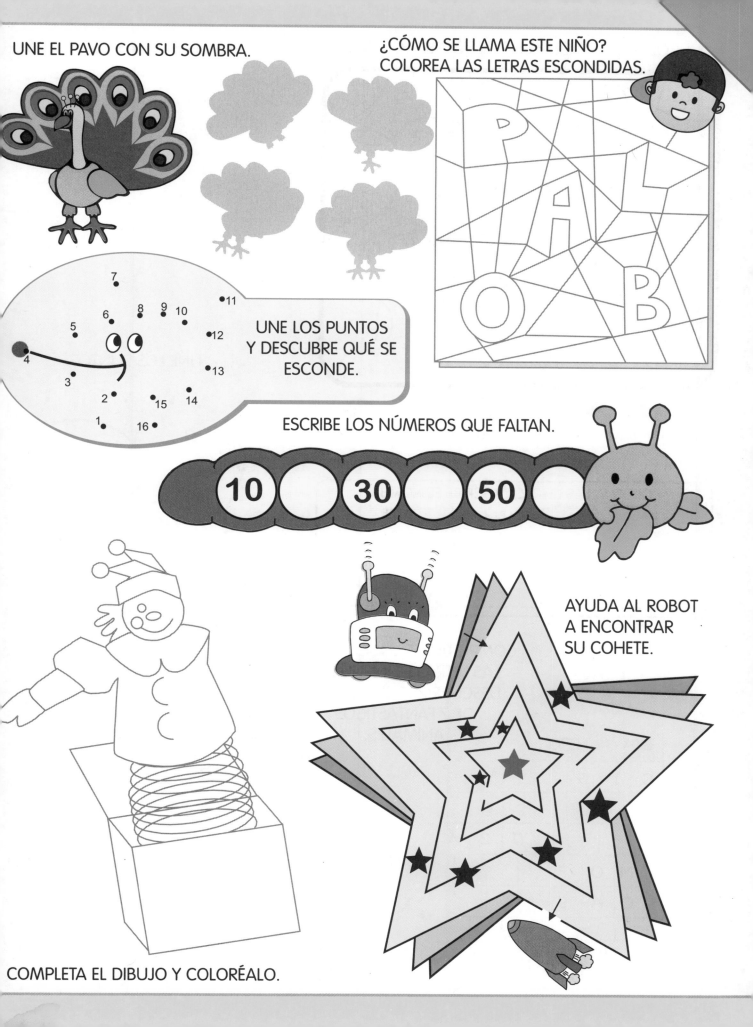

COLOREA EL DIBUJO SIGUIENDO EL CÓDIGO.

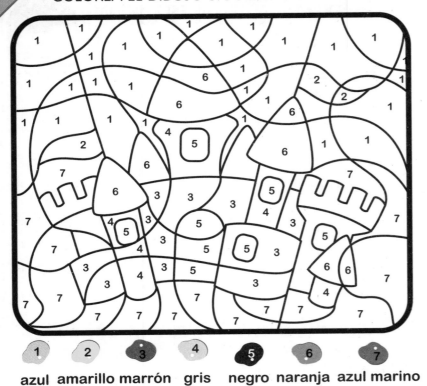

1	2	3	4	5	6	7
azul	amarillo	marrón	gris	negro	naranja	azul marino

REPASA LAS LÍNEAS DE PUNTOS.

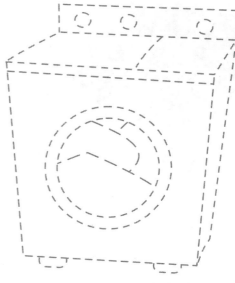

UNE LOS PUNTOS.

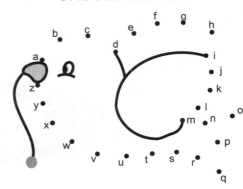

ORDENA LAS LETRAS Y ESCRIBE EL NOMBRE.

ZALO   DILARLA   TASE

- -

REPASA EL DIBUJO Y COLORÉALO.

COMPLETA LAS CASILLAS CON LAS LETRAS DE LA NUBE Y DESCUBRIRÁS EL NOMBRE DE 7 FANTÁSTICOS ANIMALES.

GAN TOR ARRA RON ETA HIPO LEC

C	I	G				
			S	O		
		H	U	Z	A	
	M	O	F			
	C	A	S			
T	I	B	U			
		P	O	T	A	M	O

AYUDA A ESTE NIÑO A ENCONTRAR SU PERRITO.

COMPLETA LAS SIGUIENTES PALABRAS.

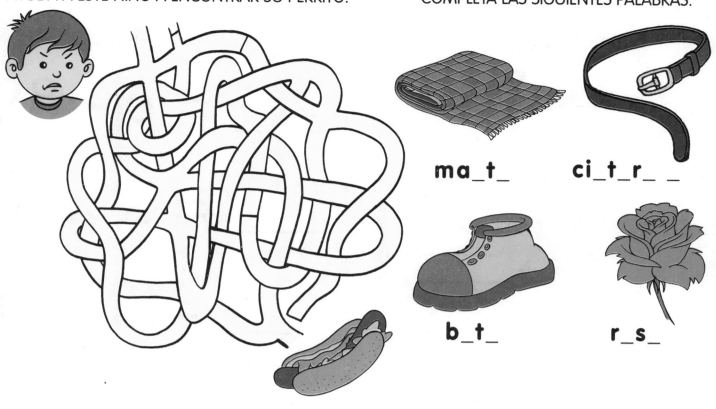

ma_t_   ci_t_r_ _

b_t_   r_s_

NUMERA LOS OBJETOS DE MAYOR A MENOR.

RESUELVE LAS OPERACIONES.

PINTA Y COLOREA LOS DIBUJOS
DE LA DERECHA PARA QUE SEAN
IDÉNTICOS A LOS DE LA IZQUIERDA.

65
- 36

57
- 16

44
- 23

36
- 24

ESCRIBE EN CADA GLOBO PALABRAS QUE RIMEN
CON «RATA» Y «DANZA».

USA UN ESPEJO PARA RESOLVER
LAS SIGUIENTES OPERACIONES.

rata
_____
_____
_____

danza
_____
_____
_____

28 - 6 = _____

10 x 2 = _____

12 + 2 = _____

UNE CADA PIEZA CON
EL HUECO QUE LE
CORRESPONDE PARA TERMINAR EL PUZLE.

RODEA EN CADA FILA EL ELEMENTO INTRUSO.

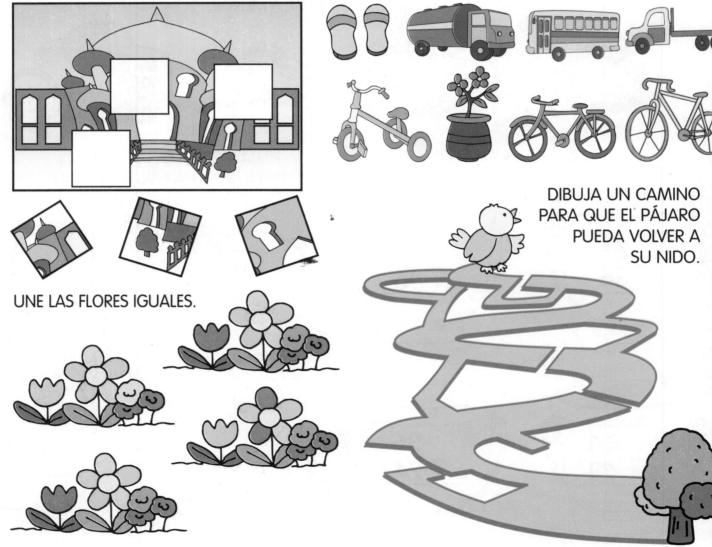

DIBUJA UN CAMINO
PARA QUE EL PÁJARO
PUEDA VOLVER A
SU NIDO.

UNE LAS FLORES IGUALES.

ESCRIBE LA INICIAL DE CADA DIBUJO.

RODEA LA PUERTA CORRECTA.

UNE LOS PUNTOS DE LA «A» A LA
«Z» Y COLOREA EL DIBUJO.

REPASA LAS LÍNEAS DE PUNTOS
Y COLOREA EL DIBUJO.

TACHA EL ELEMENTO
INTRUSO.

AYUDA AL ROBOT A NUMERAR LOS SUBMARINOS
PARA ORDENAR LOS DÍAS DE LA SEMANA.

MARTES

SÁBADO

MIÉRCOLES

DOMINGO

JUEVES

LUNES

VIERNES

1

NUMERA LAS CASILLAS
PARA ORDENAR EL DIBUJO.

1

COPIA EL DIBUJO
EN LA CUADRÍCULA
Y COLORÉALO.

5 X 4 = ◯   RESUELVE LAS OPERACIONES
Y ESCRIBE EL RESULTADO.

2 + 8 =

BUSCA Y RODEA 5 DIFERENCIAS.

UNE LAS TORTUGUITAS DEL 1 AL 9 COMO
SE MUESTRA EN EL EJEMPLO.

¿CUÁL DE ESTAS
SOMBRAS PERTENECE
AL TIGRE?

0
6
4
1
9
2
5
8
3
7

LEE LAS LETRAS
EN VOZ ALTA.

a b c ch d e f g h i j k l m n ñ o p q r s t u v w x y z

UNE LOS PUNTOS
Y COLOREA EL DIBUJO.

24
27 25 23
28 26 22
29
30
32 31 21
33 34 17 16
18 15
20 19 14
2 13
3
4 12
5 11
6 10
7 8 9

ORDENA
LAS LETRAS
Y ESCRIBE
LAS
PALABRAS.

TEBO

SOVA

BOCU

TALA

_____
_____
_____
_____

COLOREA LA FORMA DISTINTA EN CADA UNO DE LOS CONJUNTOS.

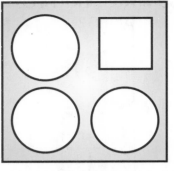 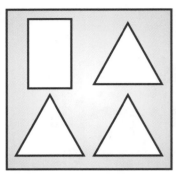 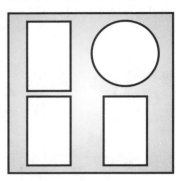 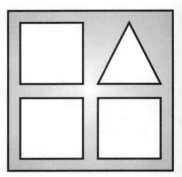

ESCRIBE LAS LETRAS QUE FALTAN PARA COMPLETAR LAS PALABRAS.

RODEA LAS 5 DIFERENCIAS QUE HAY ENTRE ESTOS DIBUJOS.

t _ n _ _ or

n_ _ e

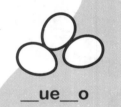

__ue__o

cam_ a_ a

gall__n__

COPIA ESTA MARIQUITA EN LA CUADRÍCULA EN BLANCO.

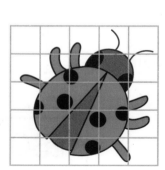

RODEA EL ELEMENTO INTRUSO.

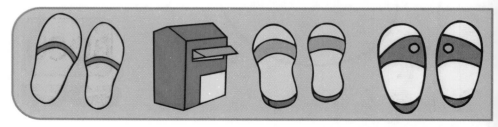

UNE LOS PUNTOS Y COLOREA EL DIBUJO.

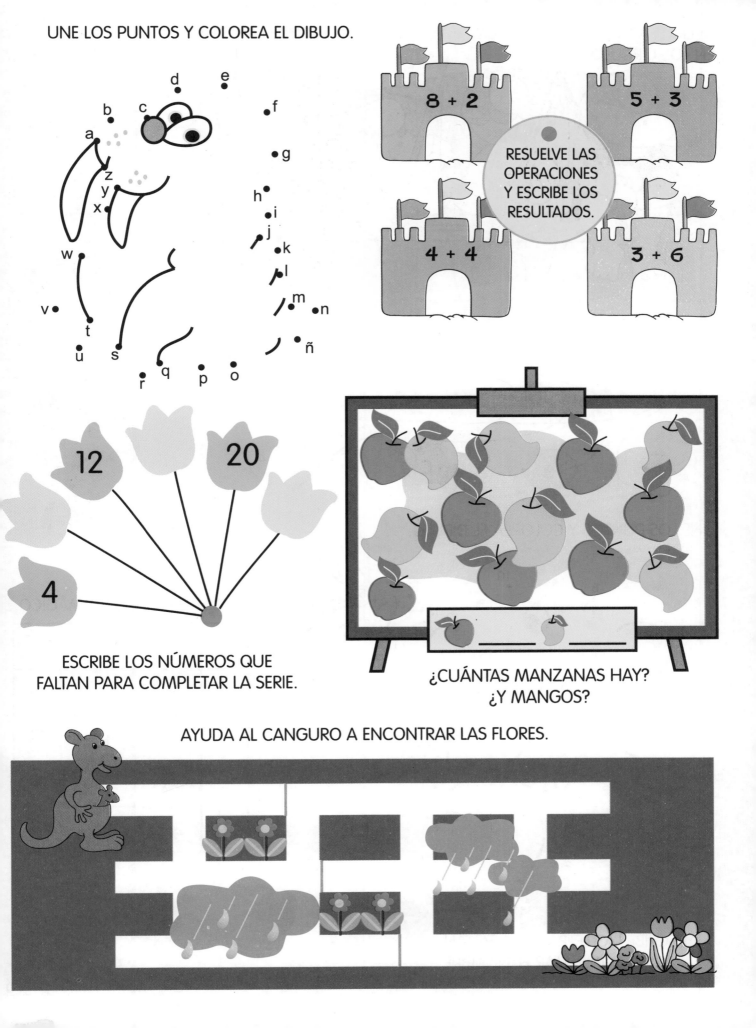

8 + 2

5 + 3

RESUELVE LAS OPERACIONES Y ESCRIBE LOS RESULTADOS.

4 + 4

3 + 6

12

20

4

ESCRIBE LOS NÚMEROS QUE FALTAN PARA COMPLETAR LA SERIE.

¿CUÁNTAS MANZANAS HAY? ¿Y MANGOS?

AYUDA AL CANGURO A ENCONTRAR LAS FLORES.

AVERIGUA QUÉ PEZ HA CAPTURADO CADA NIÑO Y ESCRIBE LA LETRA
EN LOS CÍRCULOS.

A   B   C   D

RODEA EL DIBUJO
QUE ES IDÉNTICO
AL PRIMERO.

UNE LOS PUNTOS Y COLOREA EL DIBUJO.

RESUELVE EL TABLERO MÁGICO.

3	+		=	12
X		X		
	÷	2	=	6
=		=		=
36	÷		=	2

ESCRIBE LAS LETRAS QUE FALTAN
PARA COMPLETAR EL NOMBRE
DE LOS OBJETOS.

ca_i_n   gl__o   ta__or   helic_pt_ro

UNE EL FLORERO CON SU SOMBRA.

1

2

3

USA LA CUADRÍCULA
PARA COPIAR
EL DIBUJO.

ESCRIBE LAS LETRAS QUE FALTAN
PARA COMPLETAR LAS PALABRAS.

B E

H R A

A E

Z

UNE LOS PUNTOS
Y COLOREA EL DIBUJO.

UNE LOS MÚLTIPLOS DE DOS DE MENOR A MAYOR.

2   19   16   14   10

20   25   4   12   8

18   27   6

¿A QUÉ ANIMAL CORRESPONDE
CADA LETRA?

A B C

AYUDA AL GUSANO A SALIR DEL LABERINTO
PARA HUIR DE LA GALLINA.

UNE
LOS PUNTOS Y
COLOREA
EL DIBUJO.

RODEA LOS ELEMENTOS QUE TIENEN
EL MISMO TAMAÑO QUE LOS QUE
ESTÁN EN LAS VENTANAS.

TACHA LA CASILLA DE LA PALABRA
ESCRITA CORRECTAMENTE.

☐ flor   ☐ candado   ☐ coceh
☐ flro   ☐ candudo   ☐ coche

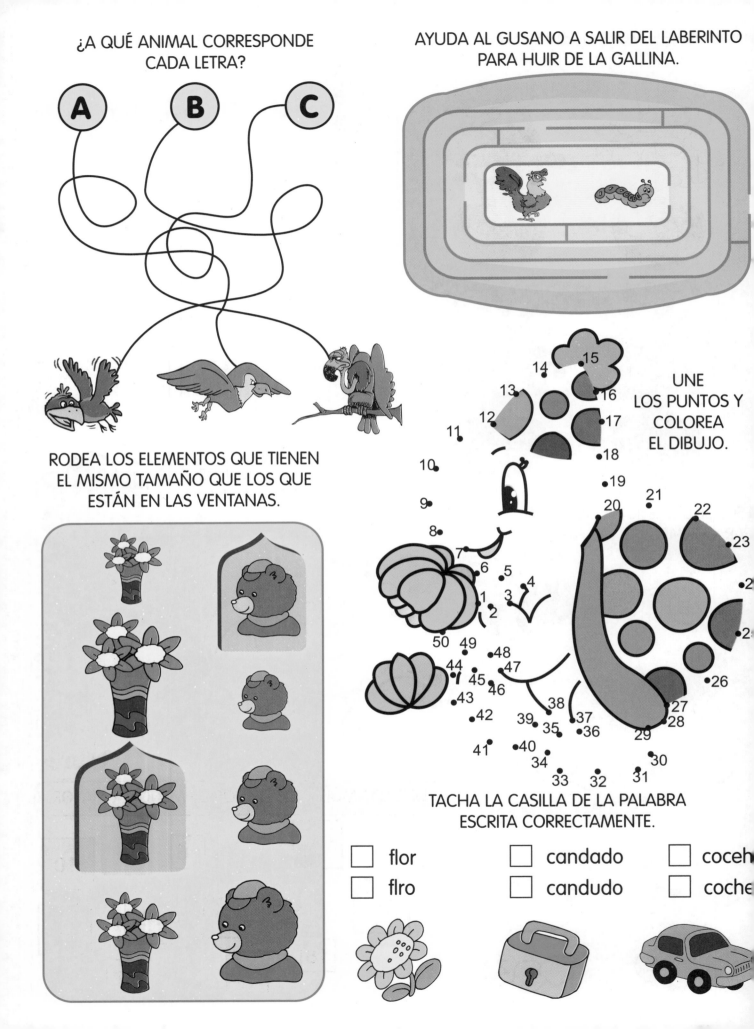

COLOREA LAS DOS CARAS QUE TIENEN EL MISMO TAMAÑO.

UNE LOS PUNTOS DE DOS EN DOS Y COLOREA EL DIBUJO.

ESCRIBE PALABRAS QUE RIMEN CON LAS QUE ESTÁN DENTRO DE LAS FLORES.

feliz

prado

RODEA EL ELEMENTO INTRUSO.

ESCRIBE LA INICIAL DE CADA UNO DE LOS ELEMENTOS QUE APARECEN A CONTINUACIÓN.

ESCRIBE EL NÚMERO EXACTO DE LETRAS «P» Y «X» EN LOS RECUADROS DE ABAJO.

HAY [ ] «P»

Y [ ] «X»

COLOREA LA PARTE QUE FALTA EN ESTE DIBUJO.

A

B

C

D

COPIA Y COLOREA LAS FORMAS.

AYUDA AL SR. JUDÍA A ENCONTRAR SU CASA.

Salida →

Meta

RODEA LA INICIAL DE ESTOS DIBUJOS.

a n b

r s t

ESCRIBE EN LAS ESTRELLAS LOS SIGNOS QUE FALTAN PARA COMPLETAR LAS OPERACIONES.

8 ★ 2 = 6   4 ★ 2 = 6

3 ★ 2 = 5

¿CUÁNTAS CANICAS HAY EN CADA BOLSA?
CUÉNTALAS Y ESCRIBE LOS RESULTADOS.

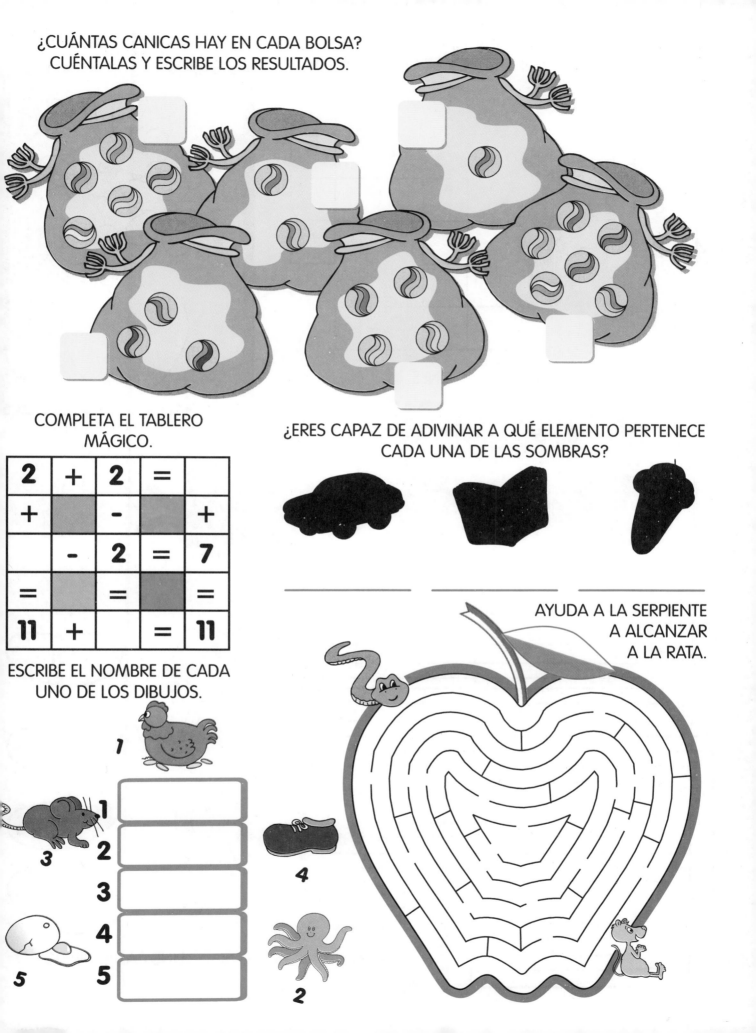

COMPLETA EL TABLERO
MÁGICO.

2	+	2	=	
+		-		+
	-	2	=	7
=		=		=
11	+		=	11

ESCRIBE EL NOMBRE DE CADA
UNO DE LOS DIBUJOS.

¿ERES CAPAZ DE ADIVINAR A QUÉ ELEMENTO PERTENECE
CADA UNA DE LAS SOMBRAS?

AYUDA A LA SERPIENTE
A ALCANZAR
A LA RATA.

1

1

3   2

3

4

4

5   5

2

RESUELVE LAS SUMAS Y ESCRIBE LOS NÚMEROS
RESULTANTES CON LETRA EN LA CRUZADA.

COLOREA EL DIBUJO.

1. 10 - 7 =

2. 6 + 5 =

3. 6 + 2 =

4. 8 + 4 =

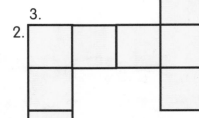

COMPLETA LAS OPERACIONES.

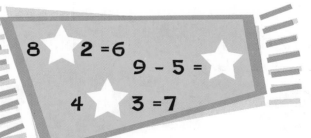

8 ⭐ 2 = 6

9 - 5 = ⭐

4 ⭐ 3 = 7

¿CUÁNTAS PATAS TIENE
ESTE INSECTO?

a) 6

b) 8

c) 4

AYUDA A LA ELEFANTA
A ENCONTRAR A SU BEBÉ.

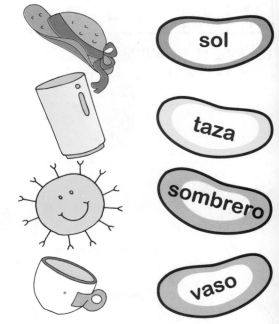

sol

taza

sombrero

vaso

UNE CADA DIBUJO
CON SU NOMBRE.

REPASA LA LÍNEA DE PUNTOS Y COLOREA EL DIBUJO.

ESCRIBE
EN LAS ESTRELLAS
EL NÚMERO
Y EL SIGNO
DESPARECIDOS.

¿CUÁNTAS BURBUJAS HAY? ESCRIBE
EL RESULTADO EN EL RECUADRO
AMARILLO.

RODEA LAS INICIALES DE LOS
SIGUIENTES DIBUJOS.

UNE LOS PUNTOS DE DOS EN DOS
Y COLOREA EL DIBUJO.

ESCRIBE LOS NÚMEROS QUE FALTAN
PARA COMPLETAR EL TABLERO MÁGICO.

5	+	6	=	
+		−	−	+
	−	3	=	7
=		=		=
15	+		=	18

UNE LAS FORMAS
CON SUS NOMBRES.

rectángulo

triángulo

cuadrado

círculo

RODEA LA SOMBRA CORRECTA
DEL ÁRBOL.

TACHA LAS LETRAS QUE APARECEN
DOS VECES Y FORMA CON LAS
LETRAS RESTANTES EL NOMBRE
DE UNA PLANTA.

R	P	T	V	G
E	X	Q	O	S
D	E	N	X	D
J	A	V	T	G
N	Q	L	J	P

ESCRIBE LOS NÚMEROS QUE FALTAN
PARA COMPLETAR LA SERIE.

9, 18, ___, 36, ___, 54,

COLOREA EL DIBUJO.

LAS LETRAS DE LOS LADRILLOS COMPLETAN
LAS PALABRAS DE LA IZQUIERDA.

__illa

t

__enedor

p

__uerta

s

EL PRIMER TENTÁCULO DEL PULPO ESTÁ PINTADO DEL MISMO COLOR QUE LA ESTRELLA QUE INDICA SU POSICIÓN. HAZ LO MISMO CON EL RESTO DE LOS TENTÁCULOS.

Primer tentáculo

USA UN COLOR DIFERENTE PARA CADA PAREJA.

FORMA PALABRAS CON LAS LETRAS DE «HELICÓPTERO».

_____   _____

HELICÓPTERO

NUMERA LAS PIEZAS PARA ORDENAR EL DIBUJO.

UNE LOS PUNTOS Y COLOREA AL REY DE LA SELVA.

COLOREA LOS ESPACIOS CON UNA «W» DE ROJO Y LOS QUE TIENE UNA «M» DE VERDE.

¿CUÁNTAS GALLETAS HAY EN EL TARRO? ESCRIBE EL RESULTADO.

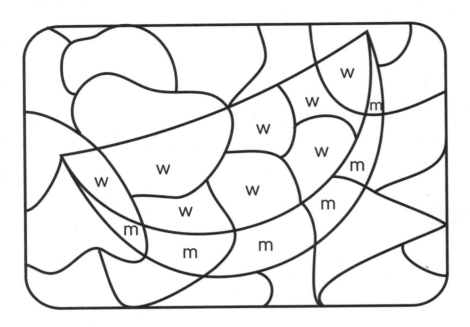

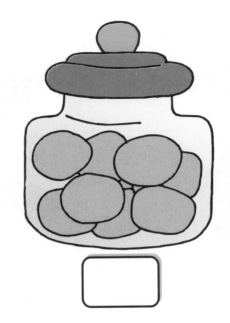

OBSERVA ATENTAMENTE LAS SOMBRAS Y ESCRIBE EL NOMBRE DE LOS ELEMENTOS.

_____   _____   _____

UNE LOS PUNTOS Y COLOREA EL DIBUJO.

ESCRIBE LOS NÚMEROS QUE FALTAN PARA COMPLETAR EL TABLERO MÁGICO.

15	÷	3	=	
−		X		+
3	−	2	=	
=		=		=
	−	6	=	6

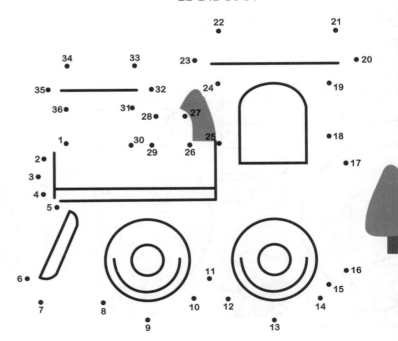

AYUDA A LA MARIQUITA A ENCONTRAR
LAS FLORES.

RODEA LA SOMBRA CORRECTA DE LAS
PATATAS.

UNE LOS PUNTOS
Y COLOREA EL DIBUJO.

FÍJATE EN LOS NÚMEROS Y UNE CADA RAQUETA
CON LA PELOTA QUE LE CORRESPONDE.

ESCRIBE LOS NÚMEROS QUE
FALTAN PARA COMPLETAR
EL TABLERO MÁGICO.

ORDENA LAS LETRAS Y ESCRIBE
EL NOMBRE DE ESTOS ANIMALES.

elnteefa

leardopo

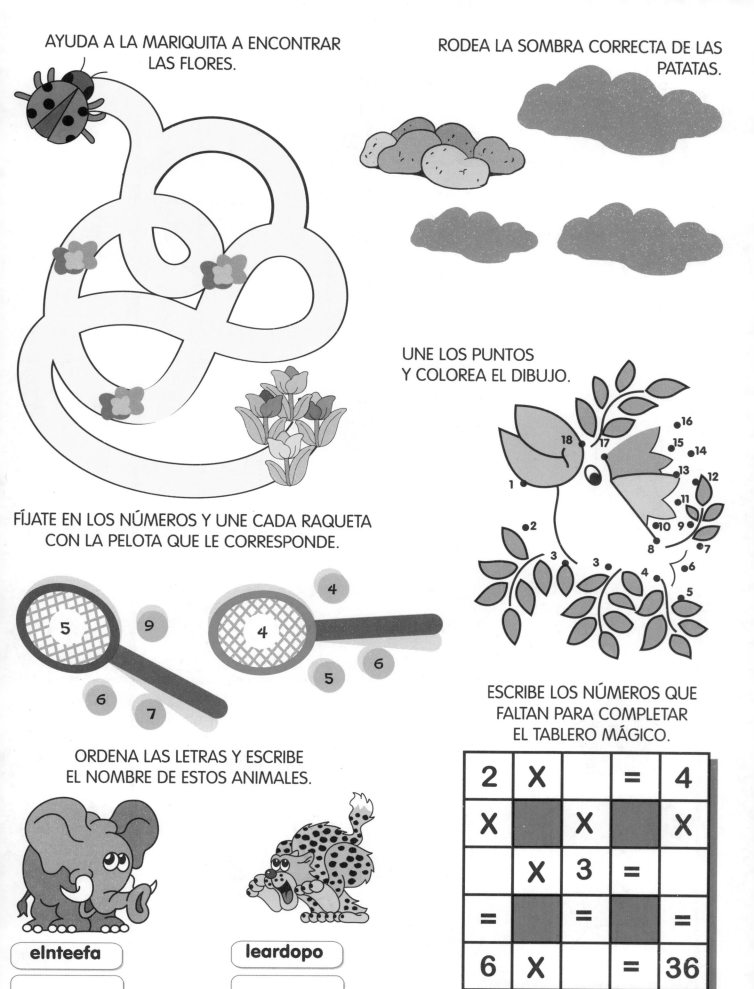

FÍJATE EN LOS DIBUJOS.
¿A QUÉ ANIMAL PERTENECE
CADA PARTE?

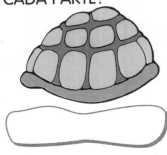

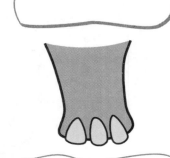

TACHA
EL ELEMENTO INTRUSO
EN CADA CONJUNTO
DE FLORES.

COLOREA
EL DIBUJO.

BUSCA UN NÚMERO QUE,
SUMADO AL DE LA ESTRELLA
PEQUEÑA, DÉ COMO
RESULTADO EL
DE LA ESTRELLA GRANDE.

UNE LOS DIBUJOS CON SUS NOMBRES.

espantapájaros
molino
almiar

AYUDA A ESTE NIÑO A ENCONTRAR SU
CASTILLO DE ARENA.

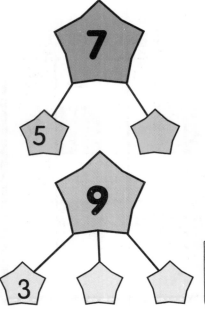

7
5
9
3

AYUDA AL ROBOT A ENCONTRAR
EL CAMINO AL COHETE.

FÍJATE EN EL SIGUIENTE
CÓDIGO Y RESUELVE
LAS OPERACIONES
DE ABAJO.

= 3

= 1

= 9

EMPIEZA EN EL NÚMERO 2 Y UNE
LOS PUNTOS DE DOS EN DOS.

× = 9

+ 2 =

10 − =

COLOREA EL DIBUJO
QUE ES IDÉNTICO AL
MODELO.

¿CUÁL DE ESTAS SOMBRAS
PERTENECE AL TIGRE?

ORDENA LAS LETRAS
Y ESCRIBE EL NOMBRE
DE ESTOS ANIMALES.

dilarla

bolo

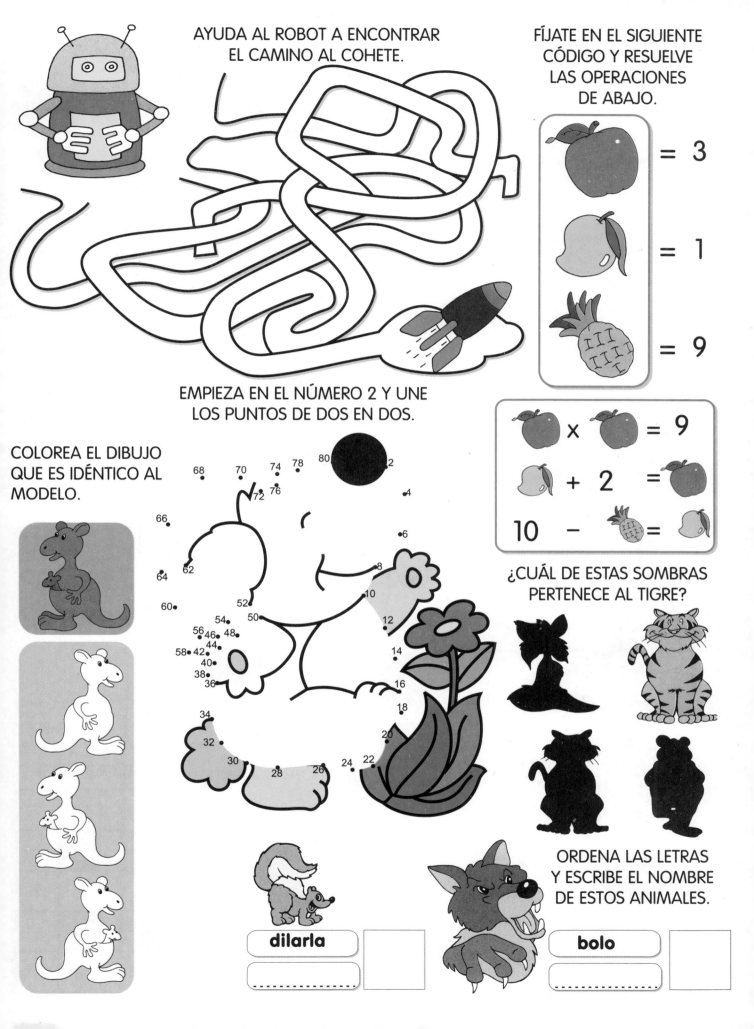

ESCRIBE LAS LETRAS QUE FALTAN PARA COMPLETAR EL NOMBRE DE LOS DIBUJOS. DESPUÉS, COLORÉALOS.

ca__aña

pe_ _o

mari_ _ita

¿QUÉ COME CADA UNO DE ESTOS ANIMALES?

RODEA LA PIEZA QUE FALTA PARA COMPLETAR EL PUZLE.

a

b

c

d

ORDENA LAS LETRAS Y ESCRIBE CORRECTAMENTE EL NOMBRE DE LOS OBJETOS.

ESCRIBE LOS NÚMEROS QUE FALTAN PARA COMPLETAR EL TABLERO MÁGICO.

CONAMI

ITOOS

COSUB

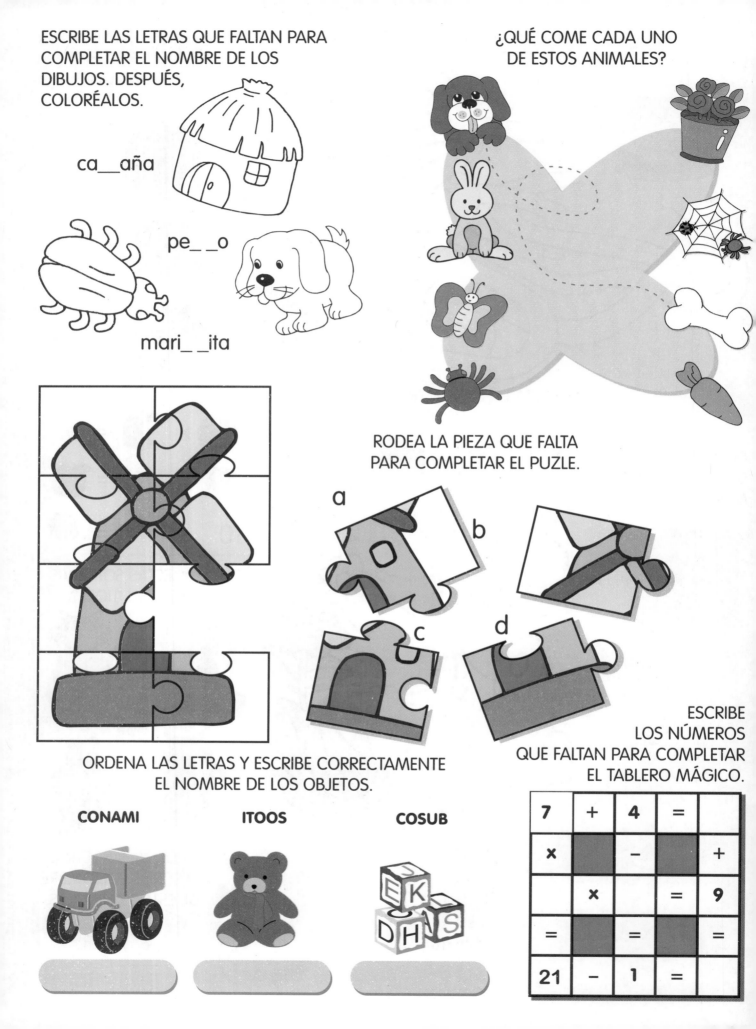

7	+	4	=	
×		−		+
	×		=	9
=		=		=
21	−	1	=	

UNE LOS PUNTOS
Y COLOREA
EL DIBUJO.

RESUELVE LAS SUMAS
Y ESCRIBE EL RESULTADO EN
LOS RECUADROS AMARILLOS.

4
9
3
5
10
8
2   1
11   13   14
19
20   6   7   12
18
15
17   16

+ =

+ =

x =

COLOREA EL DIBUJO.

AYUDA AL ZORRO A LLEGAR
HASTA EL BOSQUE.

¿SERÍAS CAPAZ DE ESCRIBIR
LAS LETRAS QUE FALTAN PARA
COMPLETAR EL NOMBRE DE ESTOS
4 MESES DEL AÑO?

E_ _R_

DI_ _EM_ _E

M_ _ZO

O_T_BR_

RODEA EL ELEMENTO INTRUSO EN CADA CONJUNTO.

DIBUJA LA PARTE QUE FALTA EN ESTE DIBUJO.

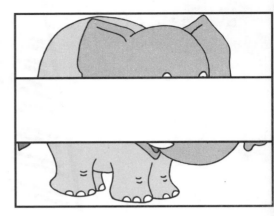

¿CUÁL DE ESTAS SOMBRAS PERTENECE A LA SIRENITA?

UNE CADA PIEZA CON LA ZONA DEL DIBUJO A LA QUE CORRESPONDE.

COMPLETA LAS SERIES Y COLOREA LOS DIBUJOS.

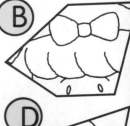

RESUELVE LAS OPERACIONES.

RODEA LOS OBJETOS QUE TIENEN EL MISMO TAMAÑO.

2 x 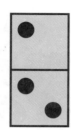 = ☐   6 -  = ☐   8 +  = ☐

DIBUJA LOS PUNTOS EN LA ÚLTIMA FICHA PARA COMPLETAR LA SERIE.

AYUDA AL OSITO A ENCONTRAR SU BOTE DE MIEL.

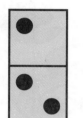

FÍJATE EN EL CÓDIGO DE LA IZQUIERDA Y COLOREA EL DIBUJO.

1 azul celeste

2 amarillo

3 marrón

4 gris

5 negro

6 naranja

7 azul oscuro

UNE CADA FLOR CON SU SOMBRA.

AYUDA AL OSITO A LLEGAR A SU CASA.

COPIA EL DIBUJO EN LA CUADRÍCULA.

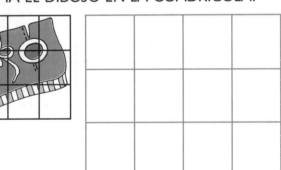

ESCRIBE EN LAS ESTRELLAS EL NÚMERO Y LOS SIGNOS QUE FALTAN.

9 ⭐ 2 = 7   3 ⭐ 3 = 6

5 - ⭐ = 3

RODEA 6 DIFERENCIAS ENTRE ESTOS DOS DIBUJOS.

NUMERA LAS PIEZAS
PARA ORDENAR EL DIBUJO.

| | 1 | | | |

UNE CADA DIBUJO
CON SU INICIAL.

¿POR DÓNDE
LLEGARÁ
AL BANCO DE
PECES?

m
a   h

UNE LOS PUNTOS Y
COLOREA EL DIBUJO.

RODEA EL ELEMENTO INTRUSO.

ESCRIBE LOS
NÚMEROS QUE FALTAN PARA
COMPLETAR LA SERIE.

33

11

55

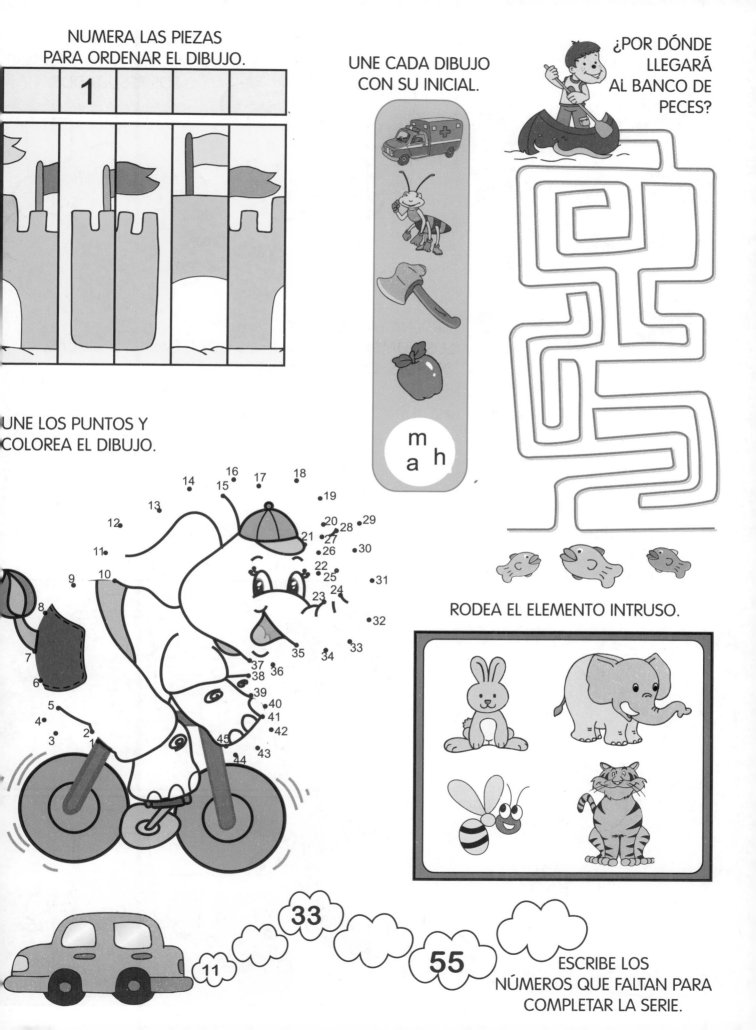

EN CADA COLUMNA, RODEA
LOS PÁJAROS IGUALES.

CUENTA LOS OBJETOS DE
CADA CONJUNTO Y ESCRIBE
LOS RESULTADOS.

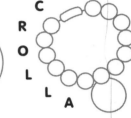

ORDENA LAS LETRAS Y DESCUBRIRÁS
LOS NOMBRES DE 5 OBJETOS QUE LLEVAN LAS CHICAS.
DESPUÉS, COLOREA EL DIBUJO.

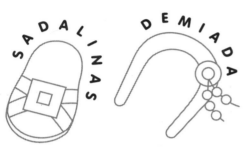

UNE LOS PUNTOS Y COLOREA
EL DIBUJO.

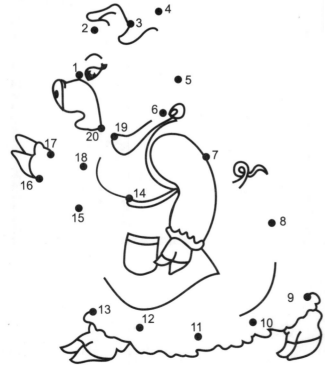

BUSCA Y RODEA LAS 5 DIFERENCIAS.

COPIA
EL DIBUJO EN LA
CUADRÍCULA.

COMPLETA LAS PALABRAS Y ÚNELAS CON LOS
DIBUJOS CORRESPONDIENTES.

a _ b _ la _ ci _

r _ lo _

o _ _

r _ b _ t

UNE LOS PUNTOS Y
COLOREA EL DIBUJO.

REPASA LAS LÍNEAS DE PUNTOS Y COLOREA
EL DIBUJO.

BUSCA Y RODEA EL ELEMENTO INTRUSO.

RODEA LA PIEZA QUE FALTA
PARA TERMINAR EL PUZLE.

A

B

C

D

CUENTA LAS MANZANAS
Y ESCRIBE EL RESULTADO EN EL
CÍRCULO AMARILLO.

FÍJATE EN EL CÓDIGO Y COLOREA EL DIBUJO.

g   c   e   b   f   a

RESUELVE LAS OPERACIONES.

5 X 5 =

11 + 4 =

¿CUÁL DE ESTAS SOMBRAS
CORRESPONDE AL SOFÁ?

a

b

c

¿CUÁL DE ESTAS ABEJAS LLEGARÁ PRIMERO AL JARDÍN?

tronco

reloj

árbol

sol

UNE CADA PALABRA CON EL DIBUJO QUE LE CORRESPONDE.

UNE LOS PUNTOS Y COLOREA EL DIBUJO.

ESCRIBE LOS NÚMEROS QUE FALTAN PARA COMPLETAR LA SERIE.

7, 14, ___, 28, ___, 42, ___, 56,

CUENTA Y ESCRIBE CUÁNTOS CÍRCULOS, TRIÁNGULOS, SEMICÍRCULOS Y RECTÁNGULOS HAY EN EL DIBUJO. DESPUÉS, COLORÉALO.

 eño

COLOREA EL CONEJO QUE ES IGUAL AL PRIMERO.

COMPLETA LOS HUECOS CON LAS LETRAS DE LAS ESTRELLAS Y LEE LAS FRASES.

 ote

Un perro risu__ dormido en un l__.

Un grifo grand__ con un capir__.

BUSCA Y RODEA LAS 5 DIFERENCIAS QUE HAY ENTRE ESTOS DOS DIBUJOS.

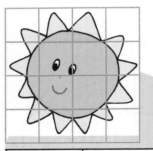

COPIA EL DIBUJO EN LA CUADRÍCULA GRANDE Y COLORÉALO.

COLOREA EL DIBUJO.

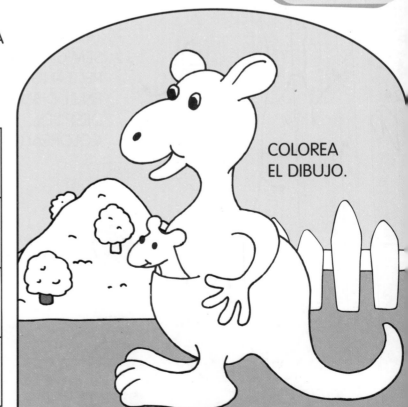

UNE CADA ANIMAL CON EL ELEMENTO
QUE PRODUCE.

COPIA EL DIBUJO
AYUDÁNDOTE
DE LA CUADRÍCULA.

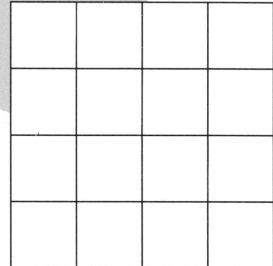

DIBUJA LOS ELEMENTOS QUE FALTAN PARA COMPLETAR LAS SERIES.

COLOREA EL DIBUJO.

RODEA LA TAZA DIFERENTE.

AYUDA A CAPERUCITA A LLEGAR A CASA DE SU ABUELA.

COPIA EL MODELO EN LA PLANILLA DE ABAJO.

¿QUÉ FLOR ES DIFERENTE?

RODEA LOS ELEMENTOS GRANDES.

HAZ UNA CRUZ EN LOS OBJETOS PESADOS.

COLOREA ESTE SIMPÁTICO DIBUJO.

FÍJATE EN EL CÓDIGO Y COLOREA EL DIBUJO.

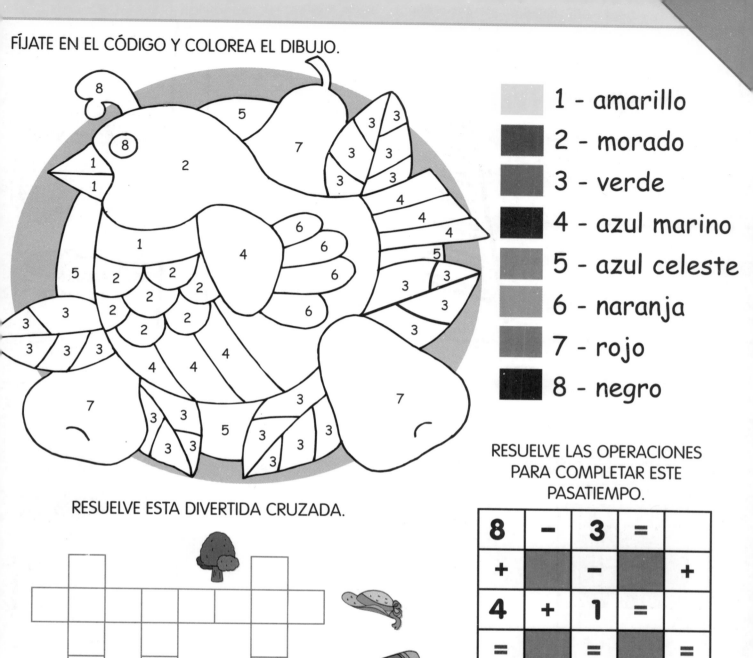

1 - amarillo
2 - morado
3 - verde
4 - azul marino
5 - azul celeste
6 - naranja
7 - rojo
8 - negro

RESUELVE ESTA DIVERTIDA CRUZADA.

RESUELVE LAS OPERACIONES PARA COMPLETAR ESTE PASATIEMPO.

8	−	3	=	
+		−		+
4	+	1	=	
=		=		=
	−	2	=	10

ESCRIBE EN QUÉ MES SE CELEBRA LA NAVIDAD EN LOS CÍRCULOS BLANCOS DEL ENVOLTORIO DEL REGALO.

¿CUÁNTOS TRIÁNGULOS HAY? ¿Y CÍRCULOS?

UNE LOS PUNTOS
PARA COMPLETAR
EL BARCO.

RODEA LOS NÚMEROS
MÁS ALTOS Y TACHA LOS
MÁS BAJOS.

3 11 16 7
8 5 15 4

10 14 17 2
7 3 9 5

¿CUÁNTAS LLAMAS
TIENE LA VELA?

¿CUÁNTOS CUADRADOS
HAY EN ESTE DIBUJO?

ESCRIBE EL NÚMERO DE CADA SACO
DEBAJO DEL DIBUJO.

5   2   8   2

_____   _____   _____   _____

RODEA EN CADA FILA A LOS PAPÁ NOEL IDÉNTICOS.

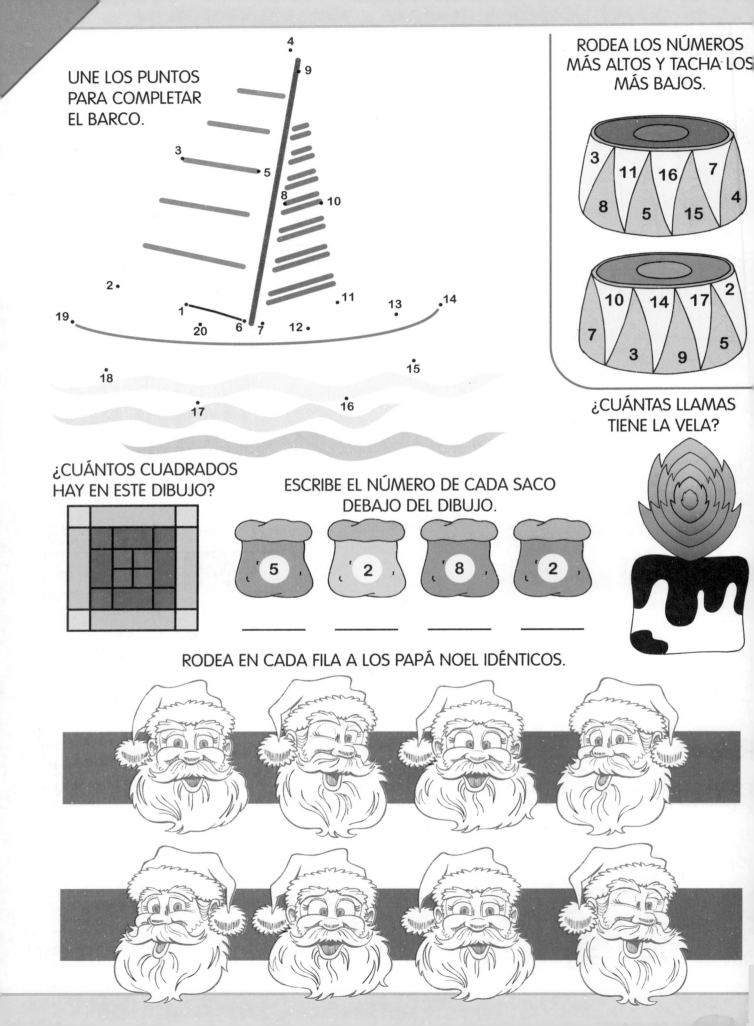

¿QUÉ OBJETO PERTENECE A CADA UNO DE LOS NIÑOS?

FER   MIME   VÍCTOR

UNE CADA DIBUJO CON SU INICIAL.

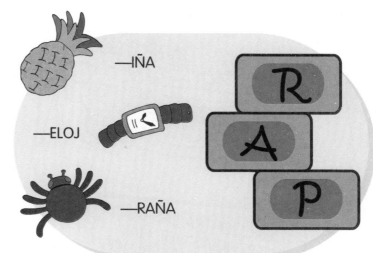

—IÑA

—ELOJ

—RAÑA

R A P

¿CUÁNTAS HOJAS HAY EN ESTE DIBUJO?

RODEA EL JARRÓN CON MENOS FLORES.

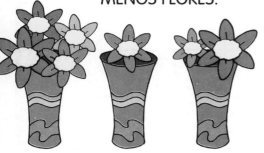

AYUDA AL PAJARITO A LLEGAR AL CENTRO DEL NIDO.

RESUELVE LAS OPERACIONES PARA COMPLETAR ESTE PASATIEMPO.

	–	13	=	7
+		–		+
4	+	8	=	12
=		=		=
24	–		=	

¿CUÁL DE ESTOS TROZOS PERTENECE AL JARRÓN?

ENCUENTRA LAS 6 DIFERENCIAS QUE HAY ENTRE ESTOS DOS DIBUJOS.

COMPLETA EL DIBUJO Y COLORÉALO.

MIRA ESTAS LETRAS A TRAVÉS DE UN ESPEJO Y SABRÁS QUÉ ANIMAL SE ESCONDE.

Ǝ ⅃ Ǝ Ⅎ A И T Ǝ

UNE LAS SETAS CON LA PIEDRA CORRESPONDIENTE.

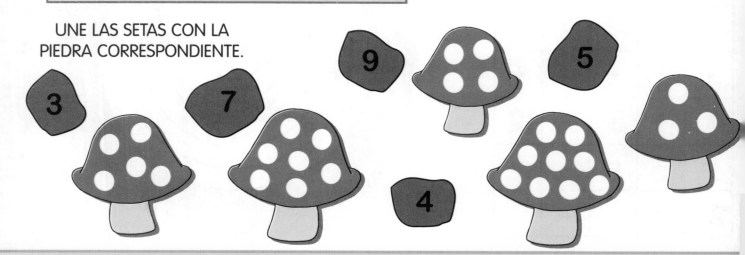

UNE LOS OBJETOS QUE ESTÁN RELACIONADOS.

CUENTA LAS PRENDAS Y ESCRIBE EN LA CESTA EL RESULTADO.

REPASA LAS LÍNEAS DE PUNTOS Y COLOREA EL DIBUJO.

COLOREA CON ROJO LAS ZONAS QUE TIENEN UNA «W» Y CON VERDE LAS QUE TIENEN UNA «M».

UNE LOS PUNTOS Y COLOREA EL DIBUJO.

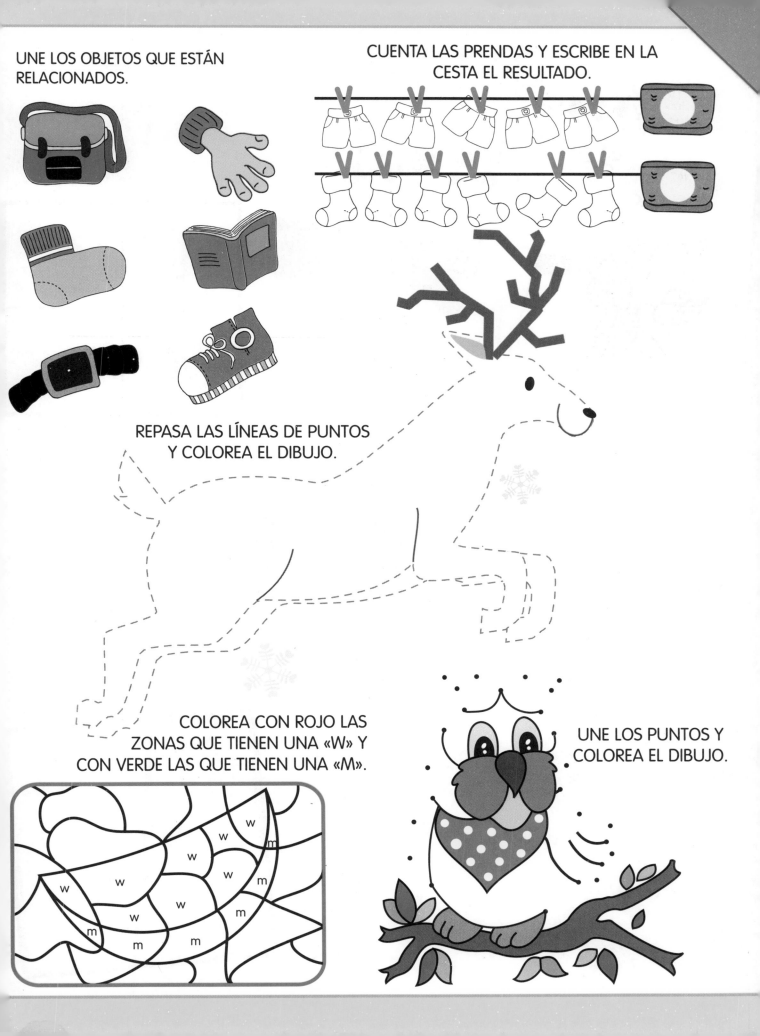

UNE LOS PUNTOS
Y COLOREA EL DIBUJO.

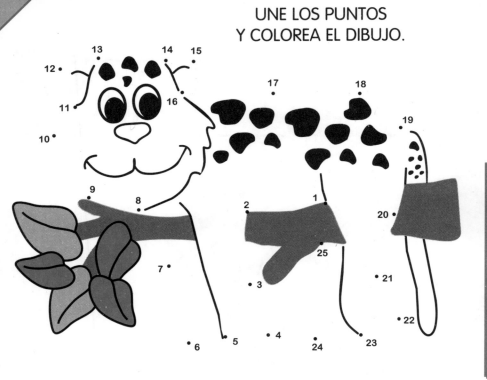

BUSCA LA SOMBRA DE
ESTE PÁJARO.

UNE LOS PUNTOS
Y COLOREA EL DIBUJO.

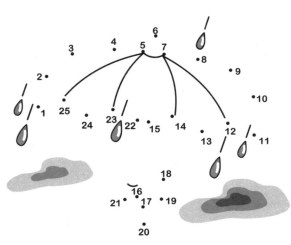

COMPLETA EL DIBUJO.

¿CUÁL ES LA PIEZA QUE LE FALTA AL ESPEJO?

REPASA LAS LÍNEAS DE
PUNTOS Y COLOREA
EL DIBUJO.

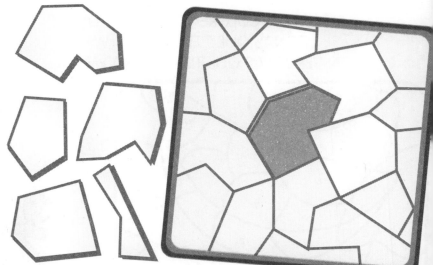

COPIA EL DIBUJO AYUDÁNDOTE
DE LA CUADRÍCULA.

CUENTA LAS FORMAS Y
ESCRIBE LOS RESULTADOS.

EPASA LAS LÍNEAS DE PUNTOS
Y COLOREA EL DIBUJO.

ESCRIBE LAS VOCALES QUE FALTAN.

S

P Z

P T

UNE LOS NÚMEROS CON SUS NOMBRES.

COLOREA
EL DIBUJO
FIJÁNDOTE EN
EL MODELO.

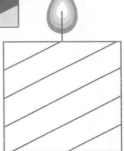

vaca   búfalo   toro   oso

RODEA EL ANIMAL INTRUSO.

TACHA EL ANIMAL QUE SOBRA Y ESCRIBE EL NOMBRE DE LOS DEMÁS.

AYUDA A ALADINO A ENCONTRAR EL CAMINO PARA SALIR DE LA CUEVA.

RODEA Y COLOREA LOS OBJETOS IDÉNTICOS

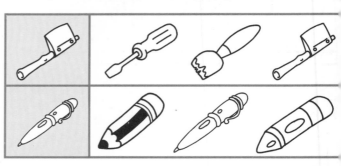

UNE LOS PUNTOS Y COLOREA EL DIBUJO.

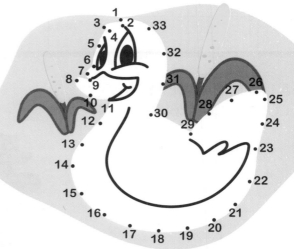

REPASA LOS DIBUJOS Y PINTA MÁS FLORES EN LAS CESTAS.

COMPLETA LAS SERIES.

OBSERVA EL CÓDIGO Y COLOREA EL DIBUJO.

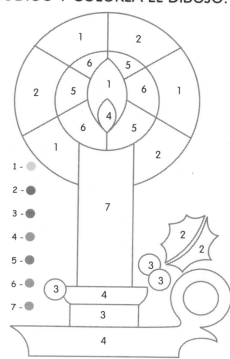

SEÑALA CON UNA «X» CÓMO SE ESCRIBE CADA PALABRA.

☐ BALÓN   ☐ KOMETA   ☐ ABIÓN
☐ VALÓN   ☐ COMETA   ☐ AVIÓN

COLOREA LOS OBJETOS QUE SON IDÉNTICOS A LOS DE LAS VENTANAS.

COMPLETA Y COLOREA EL DIBUJO FIJÁNDOTE EN EL MODELO.

CREA NUEVAS PALABRAS UNIENDO EL NOMBRE
DEL DIBUJO CON LAS LETRAS DE SUS RAYOS.

tero

SOLtero   dado

apa

ar

ana

SOL

COLOREA LAS ZONAS CON UN PUNTO.

UNE LOS PUNTOS Y
COLOREA EL DIBUJO

m   n
ñ
l
o
k
p   s   t
j   i   u
g   h   r   v
f   q   w
e   c   x
d   b   y
a   z

UNE LOS CONJUNTOS CON EL
NÚMERO CORRESPONDIENTE.

4
3
1
2

ESCRIBE LOS DÍAS DE LA SEMANA EN ESTE
MURO. CADA LETRA EN UN LADRILLO.

+   +

ESCRIBE LAS INICIALES PARA
CREAR NUEVAS PALABRAS.

+   +

UNE LAS ESTRELLAS IGUALES.

AYUDA A ESTE CACHORRO
A ENCONTRAR A SU DUEÑO.

COPIA LA DECORACIÓN DEL LADO
IZQUIERDO EN EL DERECHO.

COMPLETA Y COLOREA
EL DIBUJO FIJÁNDOTE EN
EL MODELO.

¿CUÁL DE ESTOS ANIMALES NO VIVE EN
LA GRANJA? TÁCHALO Y
ESCRIBE EL NOMBRE
DEL RESTO .

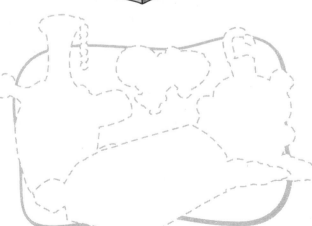

LEE LAS PALABRAS CON UN ESPEJO Y ESCRÍBELAS CORRECTAMENTE.

HORMIGA

SERPIENTE

ABEJA

AYUDA A ESTOS NIÑOS A ENCONTRAR SUS CARAMELOS.

COLOREA ESTAS FLORES.

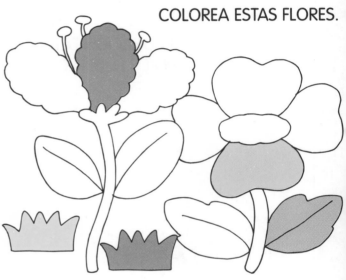

UNE LOS PUNTOS Y COLOREA EL RESTO DEL DIBUJO.

TACHA EL ELEMENTO MÁS PEQUEÑO.

REPASA LAS LÍNEAS DE PUNTOS Y COLOREA EL DIBUJO.

AYUDA A ESTA NIÑA A ENCONTRAR
SU COMIDA.

UNE LOS PUNTOS Y COLOREA
EL DIBUJO.

UNE CADA
NÚMERO CON
EL CONJUNTO
QUE LE
CORRESPONDE.

2

3

4

TACHA EL ANIMAL INTRUSO
Y ESCRIBE EL NOMBRE
DE LOS DEMÁS.

UNE LAS LETRAS MAYÚSCULAS
CON LAS MINÚSCULAS.

G E F C H D B A

h b a e g f c d

¿CUÁNTOS DUENDES BAILAN EN CADA FILA? TACHA EL NÚMERO CORRECTO.

2 6
4 8

7 1
3 5

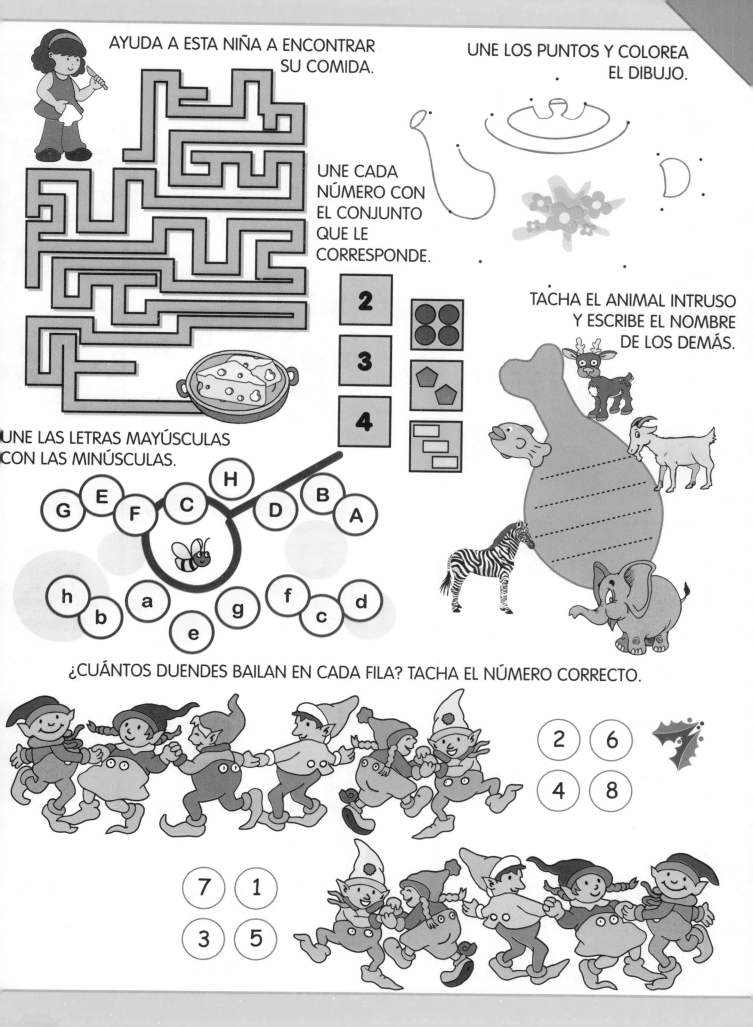

ENCUENTRA EN LA SOPA DE LETRAS
EL NOMBRE DE ESTAS DELICIOSAS FRUTAS.

TACHA LA FLOR CON LA
RESPUESTA CORRECTA.

RODEA LAS 8 DIFERENCIAS Y COLOREA
LOS DIBUJOS.

COMPLETA LAS PALABRAS.

_ U _ O _   C _ MI _ _   O _ I _ O

RODEA EL DIBUJO QUE ES DISTINTO AL QUE ESTÁ
EN EL RECUADRO DE COLOR.

COMPLETA LAS SERIES Y COLOREA LOS DIBUJOS.

¿CUÁL DE ESTAS SOMBRAS PERTENECE AL COCHE?

ESCRIBE LOS NÚMEROS QUE FALTAN EN EL TABLERO MÁGICO.

	+	11	=	16
+		+		+
6	+		=	9
=		=		=
11	+	14	=	

UNE LOS PUNTOS Y COLOREA EL DIBUJO.

¿CUÁL DE ESTOS ANIMALES ENCONTRARÁ A LA SERPIENTE?

¿CUÁL ES EL CAMINO MÁS CORTO PARA LLEGAR AL HERIDO?

BUSCA Y RODEA 5 DIFERENCIAS ENTRE ESTOS DOS DIBUJOS.

COLOREA EL LIBRO QUE ES IGUAL AL QUE ESTÁ EN LA VENTANA AMARILLA.

UNE LOS PUNTOS Y COLOREA EL DIBUJO.

¿CUÁNTAS FORMAS HAY EN CADA CONJUNTO? ESCRIBE EL RESULTADO.

COPIA LAS SIGUIENTES FORMAS.

ORDENA LAS PIEZAS.

1	

RESUELVE LAS OPERACIONES
Y ESCRIBE LOS RESULTADOS.

$$24 \div 8 = \boxed{}$$

$$35 \div 7 = \boxed{}$$

UNE LOS PUNTOS
Y COLOREA EL DIBUJO.

¿CUÁL DE ESTAS SOMBRAS
PERTENECE AL COCINERO?

COMPLETA LOS HUECOS CON LAS LETRAS
DE LAS ESTRELLAS Y LEE LAS FRASES.

Un clavo gr__ en la
cazuela de Lu__.

Este doct__ pilota
sin tem__.

UNE LOS PUNTOS Y COLOREA EL DIBUJO.

COLOREA LOS DIBUJOS COMO MÁS TE GUSTE.

AYUDA AL CAZADOR A CAPTURAR AL COCODRILO.

COLOREA LOS ESPACIOS CON UN PUNTO Y DESCUBRIRÁS EL DIBUJO ESCONDIDO.

COMPLETA LAS SUMAS CON LOS SIGUIENTES NÚMEROS.

1   2   3   4   5   6   7   8   9   10

___ + 3 = 7

4 + ___ = 8

2 + ___ = 9

3 + ___ = 5

AYUDA A LA ABEJA
A ENCONTRAR EL JARDÍN.

COLOREA EL ELEMENTO MÁS
GRANDE DE CADA CONJUNTO.

¿CUÁL DE ESTAS SOMBRAS
PERTENECE A ESTA NIÑA?

AYÚDATE DE LA CUADRÍCULA PARA
COPIAR LA OTRA MITAD DEL ÁNGEL.
DESPUÉS, COLORÉALA.

ESCRIBE PALABRAS QUE RIMEN CON LOS TÉRMINOS
QUE APARECEN EN LOS SOLES.

sopa

cielo

limón

COLOREA LAS ZANAHORIAS CUYO RESULTADO SEA 24.

20 + 4   15 + 5   1 × 24   5 × 4   12 + 8

COLOREA LOS ANIMALES QUE SON DEL MISMO TAMAÑO QUE LOS QUE APARECEN EN LAS VENTANAS AMARILLAS.

ESCRIBE LOS NÚMEROS QUE FALTAN PARA COMPLETAR LA SERIE.

11   33   66

SIGUE LOS CAMINOS Y SABRÁS CÓMO SE LLAMAN ESTOS NIÑOS.

Jaime   Álvaro   María

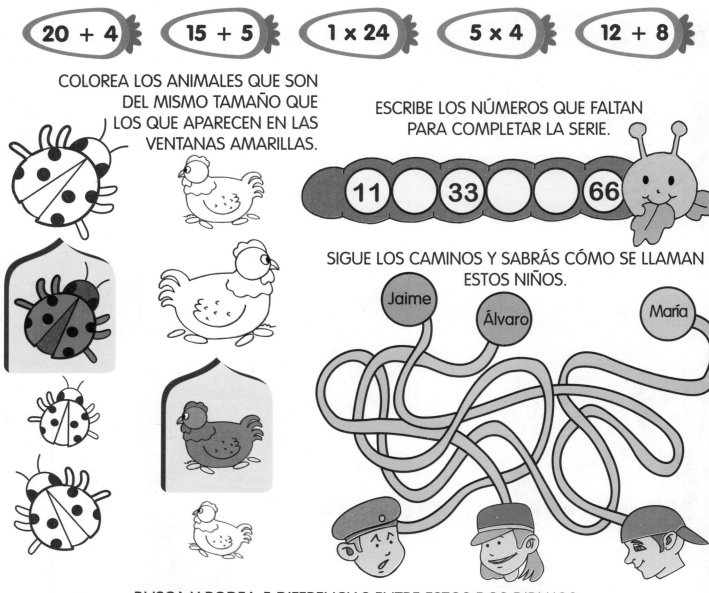

BUSCA Y RODEA 5 DIFERENCIAS ENTRE ESTOS DOS DIBUJOS.

25 - 5 = _____

3 x 5 = _____

6 ÷ 2 = _____

USA UN ESPEJO PARA RESOLVER LAS OPERACIONES.

15 ÷ 3 = _____

4 + 3 = _____

11 x 3 = _____

RESUELVE LAS OPERACIONES Y ESCRIBE EL RESULTADO.

5
+1
x2
-4
-2

5
+1
x2
-4
-2

5
+1
x2
-4
-2

ESCRIBE LAS PROFESIONES DE ESTOS PERSONAJES.

_____ _____ _____

¿CUÁNTAS ESTRELLAS HAY?

UNE LOS PUNTOS Y COLOREA EL DIBUJO.

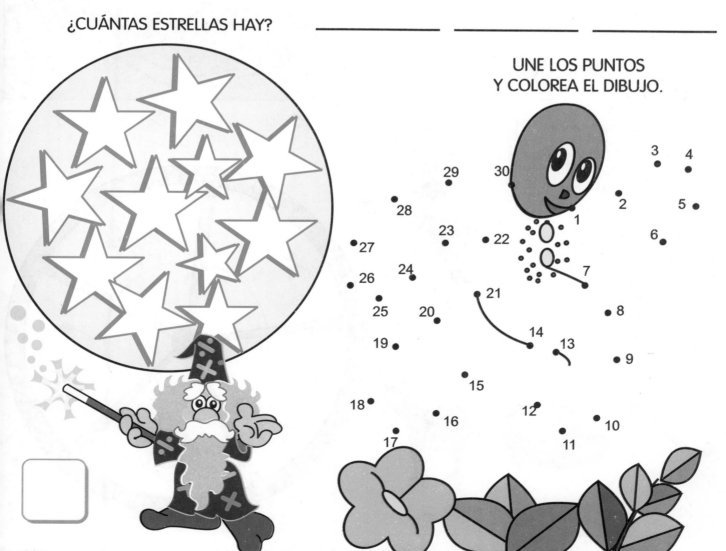

¿CÚAL DE ESTAS SOMBRAS CORRESPONDE A LA LAVADORA?

BUSCA Y RODEA LAS 5 DIFERENCIAS.

UNE LOS PUNTOS Y COLOREA EL DIBUJO.

ESCRIBE LA INICIAL DE TODOS LOS ELEMENTOS DE LA RULETA.

ESCRIBE LAS LETRAS QUE FALTAN PARA COMPLETAR LAS PALABRAS.

_lec_a   t_z_   b_rr_

UNE CADA ELEMENTO CON SU INICIAL.

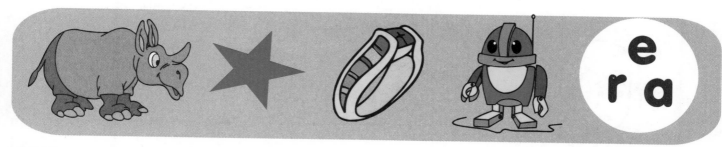

NUMERA LAS PIEZAS PARA ORDENAR EL DIBUJO.

1

COMPLETA LAS OPERACIONES.

9 ☆ 3 = 6

6 - ☆ = 2

UNE LOS PUNTOS Y COLOREA EL DIBUJO.

RODEA EN LA SOPA DE LETRAS LOS 6 OBJETOS QUE ANA LLEVA EN SU BOLSO.

p	e	i	n	e	x	p
e	m	i	r	r	o	u
a	t	b	m	n	e	l
d	p	e	m	c	s	s
n	j	l	o	l	p	e
e	m	t	v	i	e	r
g	s	q	i	p	j	a
a	n	i	l	l	o	t

COLOREA EL DIBUJO.

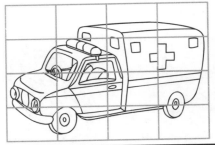

AYÚDATE DE LA
CUADRÍCULA PARA
COPIAR EL DIBUJO.
A CONTINUACIÓN,
COLORÉALO.

RODEA EL ANIMAL QUE COME QUESO.

melón

gato

cesta

jamón

UNE LOS PUNTOS DE 3 EN 3
Y COLOREA EL DIBUJO.

15
12   18   33
21
9   30   36
24
6   27
39
3
60
57
75
72   63   54
69   66   48
51

RODEA LAS NAVES
QUE CONTIENEN
PALABRAS QUE RIMAN.

ESCRIBE CUÁNTAS FORMAS HAY EN CADA CONJUNTO.

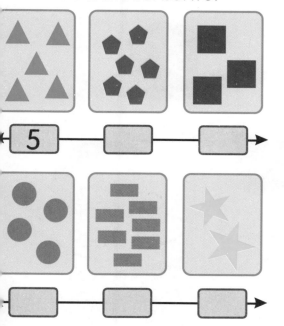

5

AYÚDATE DE LA CUADRÍCULA PARA COMPLETAR EL DIBUJO DE LA FLOR.

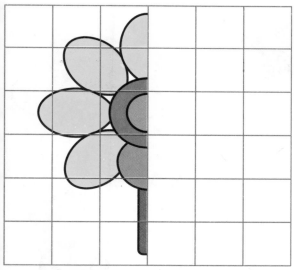

RESUELVE EL TABLERO MÁGICO.

3	+		=	12
X		X		÷
	÷	2	=	6
=		=		=
36	÷		=	2

UNE LOS PUNTOS Y COLOREA EL DIBUJO.

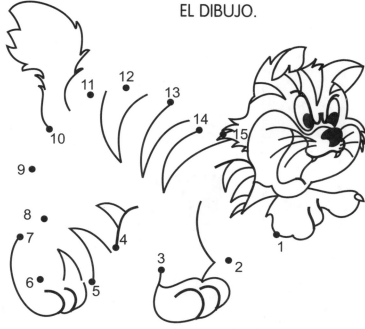

RESUELVE LAS OPERACIONES Y ESCRIBE LOS RESULTADOS.

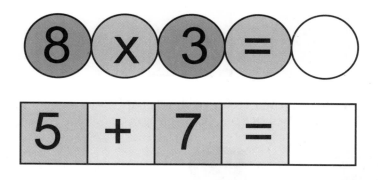

8 x 3 = ◯

5 + 7 =

COLOREA EL DIBUJO.

UNE LAS PALABRAS DE LA PRIMERA COLUMNA CON LAS DE LA SEGUNDA PARA FORMAR PALABRAS COMPUESTAS.

SACA

JUEGO

GUARDA

PUNTAS

VÍDEO

NUECES

CASCA

META

ESCRIBE DEBAJO DE CADA DIBUJO Y EN LAS BROCHAS EL NÚMERO QUE APARECE EN EL CUBO.

diez   10

cuatro

cinco

cinco

tres

uno

dos

siete

ESCRIBE LAS LETRAS QUE FALTAN PARA COMPLETAR LAS PALABRAS.

r_t_ _   b_ls_   a_e_a

AYUDA AL CONEJO A ENCONTRAR LA ZANAHORIA.

ESCRIBE EL NOMBRE DE ESTOS ANIMALES.

UNE LOS PUNTOS Y COLOREA
EL DIBUJO.

UNE LOS PECES QUE RIMAN Y
COLOREA LAS PAREJAS.

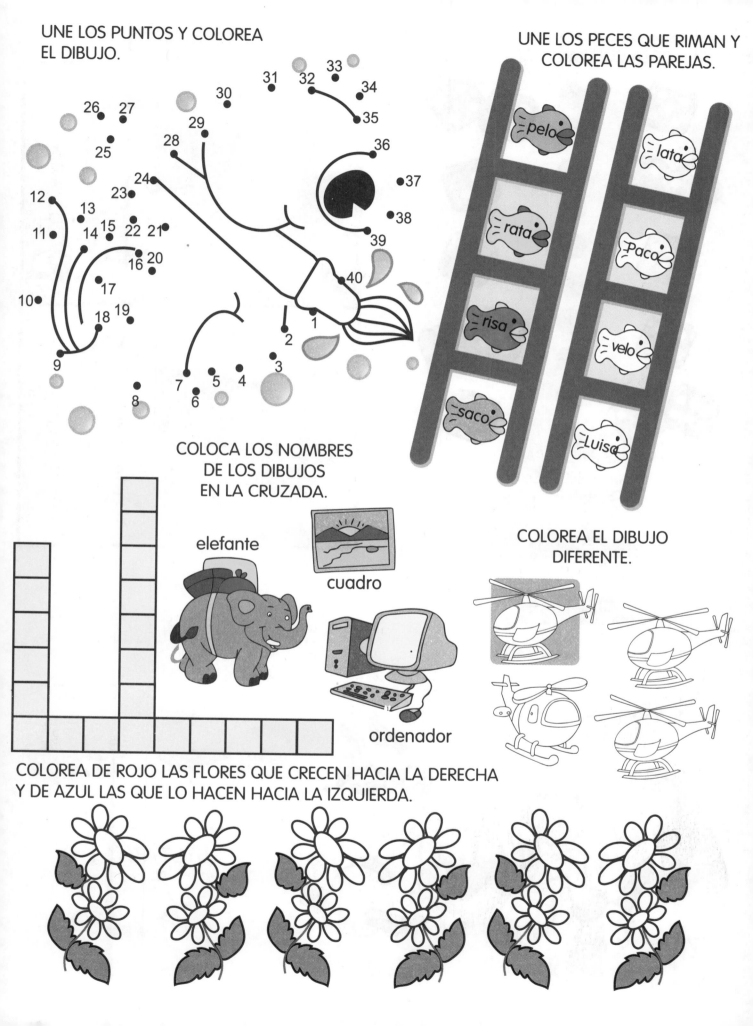

COLOCA LOS NOMBRES
DE LOS DIBUJOS
EN LA CRUZADA.

elefante

cuadro

ordenador

COLOREA EL DIBUJO
DIFERENTE.

COLOREA DE ROJO LAS FLORES QUE CRECEN HACIA LA DERECHA
Y DE AZUL LAS QUE LO HACEN HACIA LA IZQUIERDA.

UNE LOS DADOS CON LOS NÚMEROS
DE LA COLUMNA CENTRAL.

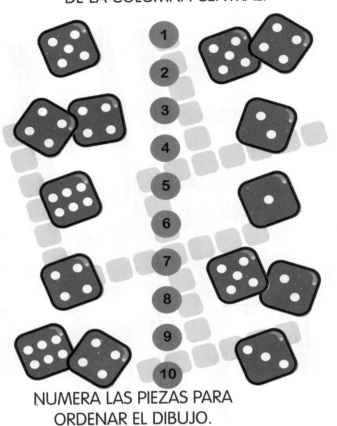

1
2
3
4
5
6
7
8
9
10

NUMERA LAS PIEZAS PARA
ORDENAR EL DIBUJO.

1

BUSCA Y RODEA 8 DIFERENCIAS ENTRE
ESTOS DOS DIBUJOS.

UNE LOS PUNTOS
DE 3 EN 3 Y COLOREA
EL DIBUJO.

ORDENA LAS LETRAS Y ESCRIBE
CORRECTAMENTE LAS PALABRAS.

A O N V I

CHECO

BIETACICL

AYUDA AL MONO A LLEGAR A CASA.

RESUELVE LA CRUZADA.

NUMERA LOS DIBUJOS POR ORDEN CRONOLÓGICO.

COLOREA EL DIBUJO.

1

UNE CADA ANIMAL CON LA INICIAL DE SU NOMBRE.

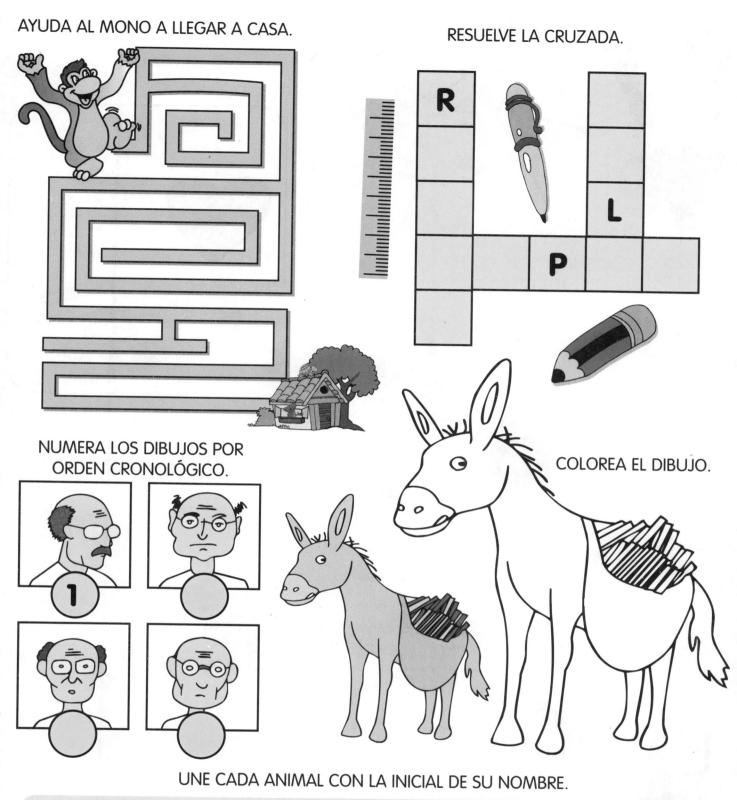

CUENTA LOS LAPICEROS DE
ESTE NIÑO Y COLORÉALOS.

UNE LOS DIBUJOS CON
SU INICIAL.

ORDENA LOS NOMBRES
DE ESTOS DIBUJOS.

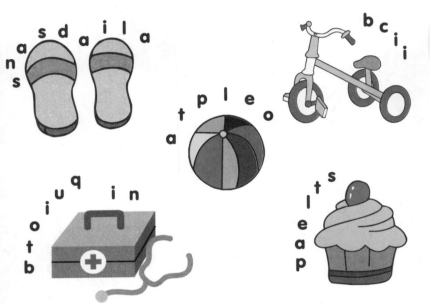

OBSERVA LAS PARTES DEL
CUERPO Y ESCRIBE EL NOMBRE
DE LOS ANIMALES.

ENCUENTRA EN LA SOPA DE LETRAS LOS ANIMALES QUE
EL BUZO HA VISTO EN LAS PROFUNDIDADES DEL MAR.

a	t	m	k	l	c	p	c
n	i	f	c	p	u	e	a
g	b	t	i	l	l	r	n
u	u	m	p	s	a	c	g
i	r	o	t	p	m	e	r
l	o	e	l	a	a	b	e
a	n	o	t	p	r	e	j
c	a	l	a	m	a	r	o

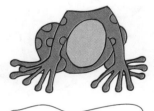

¿QUÉ COMETA PERTENECE A CADA NIÑO?

¿CUÁNTOS ELEMENTOS HAY EN CADA CONJUNTO?

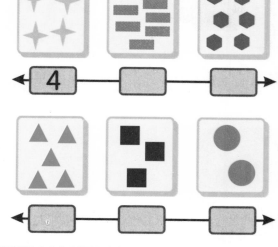

¿A QUÉ GALLINA PERTENECE CADA HUEVO? RESUELVE LAS OPERACIONES Y COLOREA LOS HUEVOS DEL COLOR CORRESPONDIENTE.

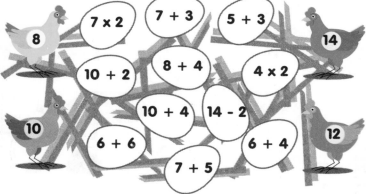

8   14   10   12

7 x 2   7 + 3   5 + 3

10 + 2   8 + 4   4 x 2

10 + 4   14 - 2

6 + 6   6 + 4

7 + 5

ESCRIBE LAS LETRAS QUE FALTAN PARA COMPLETAR LAS PALABRAS.

r__b__ __   n__ñ__   c__b__s

ca__i__ __   t__ __n   o__i__ __

RODEA EL DIBUJO CUYO NOMBRE EMPIEZA POR LA LETRA «T».

AYUDA AL PATO A ENCONTRAR EL ESTANQUE.

ESCRIBE LA INICIAL DE CADA UNO DE ESTOS ELEMENTOS.

UNE LOS PUNTOS DE 2 EN 2 Y COLOREA EL DIBUJO.

ESCRIBE LAS LETRAS QUE FALTAN PARA COMPLETAR LAS PALABRAS.

b__c__   re__   a__ __llo

co__ina   c__emall__r__   ba__co

NUMERA LAS PIEZAS PARA ORDENAR EL DIBUJO.

1

¿CUÁNTOS ELEMENTOS HAY EN CADA CONJUNTO?

¿PUEDES HACER QUE EL NIÑO LLEGUE A SU CASA
SIN PASAR POR EL BOSQUE DEL LOBO?

COLOREA EL DIBUJO.

ESCRIBE EL NOMBRE
DE ESTAS FORMAS.

_____

_____

_____

_____

COLOREA LAS ZONAS DEL DIBUJO
CON UN PUNTO.

UNE LOS CÍRCULOS QUE CONTENGAN
NÚMEROS MÚLTIPLOS DE 4.

5   16   35   4

30   27   32   25

44   12   15   14   24

SEÑALA DÓNDE DEBE IR COLOCADA CADA UNA DE LAS PIEZAS DE LA IZQUIERDA.

DIBUJA EL CAMINO MÁS CORTO DESDE EL LEÓN HASTA EL CIERVO.

UNE LOS CONTRARIOS.

nuevo

sucio

limpio

pequeño

grande

viejo

RODEA LOS ELEMENTOS QUE PERTENECEN A LA NIÑA Y TACHA LOS QUE SON DEL NIÑO.

ORDENA LAS LETRAS Y ESCRIBE LAS PALABRAS CORRECTAMENTE.

grasor   cunoaders   milaochs

lletgaas   hadoels   cmearalos

REPASA LAS LÍNEAS DE PUNTOS Y COLOREA EL DIBUJO.

UNE CADA ANIMAL CON EL PRODUCTO QUE LE CORRESPONDE.

MIEL

UNE LOS ANIMALES CON SUS SOMBRAS.

COPIA EN LA CUADRÍCULA DE ABAJO ESTE SIMPÁTICO PÁJARO.

UNE LOS ANIMALES CON SUS HUELLAS.

RODEA EL ELEMENTO INTRUSO.

vaca

búfalo

toro

oso

UNE LOS NÚMEROS CON LOS CONJUNTOS CORRESPONDIENTES.

3

5

7

9

4

AYUDA A ESTE BUZO A LLEGAR HASTA EL SUBMARINO.

¿CUÁNTAS PALABRAS PUEDES FORMAR CON LAS LETRAS DE «ORUGA»?

O R U G A

NUMERA LAS FLORES DE MENOR A MAYOR.

FÍJATE EN EL MODELO Y COLOREA EL DIBUJO.

TACHA LA ETIQUETA DE LOS OBJETOS MÁS PESADOS.

¿CUÁNTAS CANICAS HAY EN CADA BOLSA?

¿CUÁNTOS PECES GRANDES HAY EN LA PECERA? ¿Y PEQUEÑOS?

PEQUEÑOS

GRANDES

TOTAL

COLOREA LOS PECES.

NUMERA LOS MUÑECOS DE PAPÁ NOEL DE MAYOR A MENOR.

ENCUENTRA EN LA SOPA DE LETRAS LOS NÚMEROS DEL UNO AL DIEZ.

s	e	i	s	o	b	c	o	i	n
a	f	o	a	t	f	k	t	l	u
s	o	x	t	o	c	h	o	t	e
c	u	a	t	r	o	s	r	i	v
w	r	u	n	i	n	d	e	t	e
t	t	c	i	n	c	o	e	m	r
y	r	r	n	e	q	s	d	b	u
s	i	e	t	e	t	r	l	t	n
n	n	e	s	s	d	i	e	z	o

UNE CADA DUENDE CON SU TRINEO.

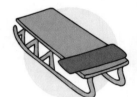

ESCRIBE UN NÚMERO IMPAR EN CADA CARRITO PORTAEQUIPAJES Y COLORÉALOS.

COMPLETA LAS SERIES Y COLOREA LAS FORMAS.

RODEA EL ELEMENTO INTRUSO.

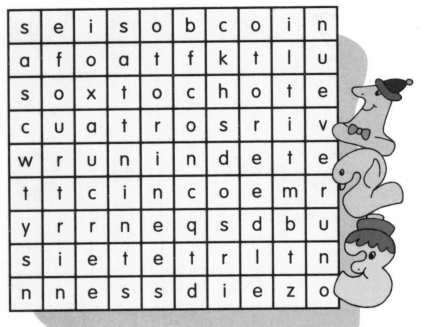

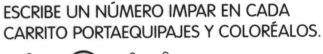

ESCRIBE EL NOMBRE DE CADA UNO DE ESTOS DIBUJOS.

UNE LOS PUNTOS DE 2 EN 2 Y COLOREA EL DIBUJO.

70
74   76
72
68   80   78
84
86 88   82
90
2
66   62
4
64   60
6
58   54   52
8
56
10
50
48
12
14
46
44
16
42
18
40
38
20
36
24 22
34   30   26
32   28

UNE LAS PAREJAS.

TACHA EL ELEMENTO INTRUSO EN CADA DIBUJO.

¿CUÁNTOS CUADRADOS, ESTRELLAS Y CÍRCULOS HAY EN CADA CONJUNTO?

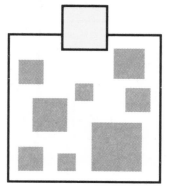
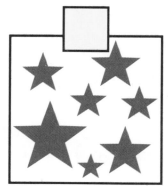
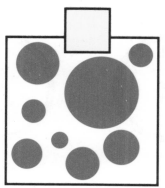

¿CUÁNTOS DÍAS TIENEN LOS MESES DEL AÑO?

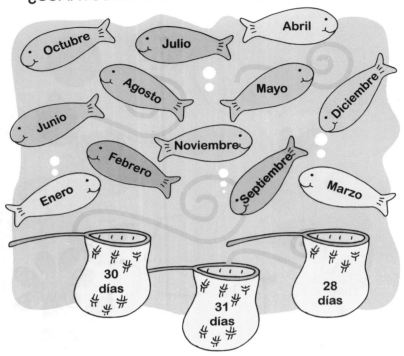

¿CÓMO SE PUSO EL NIÑO AL PERDER SU COMETA? SIGUE LOS HILOS, ESCRIBE LAS LETRAS EN LAS CASILLAS Y LO SABRÁS.

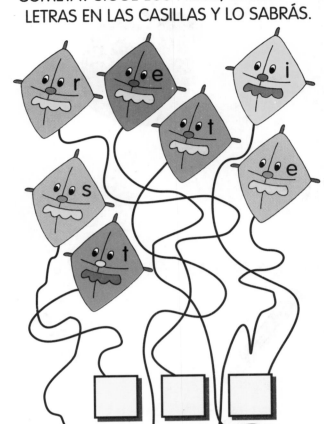

ORDENA LAS LETRAS DE LAS PALABRAS Y ESCRÍBELAS CORRECTAMENTE.

ZAPOSAT   BOLIR   CUARACH

OBSERVA LOS RELOJES Y ESCRIBE LA HORA DEBAJO DE ELLOS.

¿QUÉ DOS PESAS DE LAS DE ABAJO SUMAN 100?

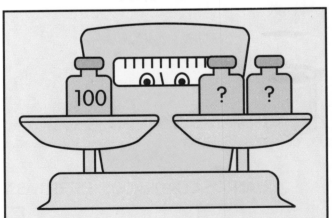

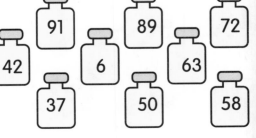

50   9   94   42   91   6   89   63   72

28   11   37   50   58

ESCRIBE EL NOMBRE
DE ESTOS HERBÍVOROS.

ESCRIBE LAS LETRAS QUE FALTAN.

gori__a

jira__a

cone__o

lo__o

pa__o

cacho__ro

NUMERA LOS DIBUJOS DE MAYOR A MENOR.

AYUDA A ESTA PERRITA A ENCONTRAR
A SU CACHORRO.

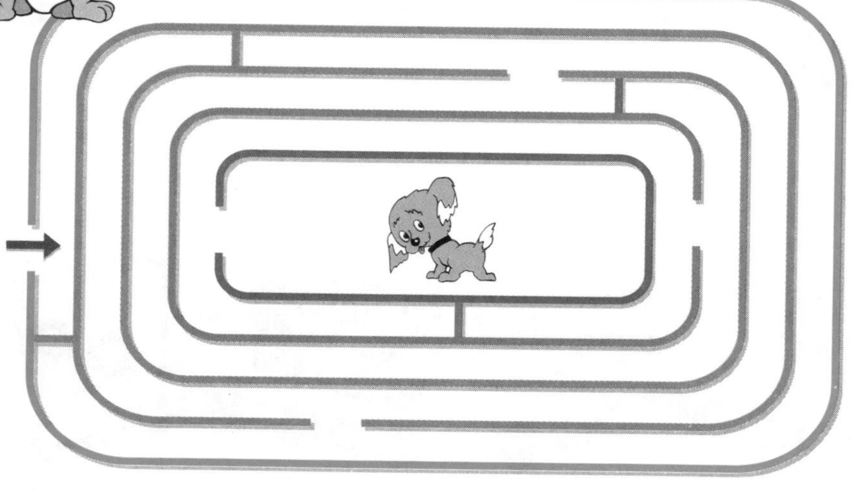

¿CUÁNTAS FLORES HAY? ¿Y CERAS?

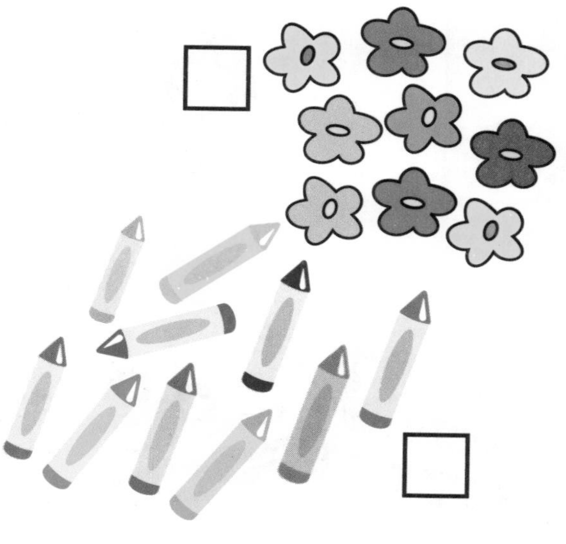

LOS DIBUJOS DAN PISTAS SOBRE LAS PALABRAS.
LOS NÚMEROS INDICAN DONDE SE SITÚA
CADA UNA DE ELLAS. ¡COMPLETA LA CRUZADA!

RODEA EL MALABARISTA QUE TIENE
MAYOR NÚMERO DE BOLAS
Y TACHA EL QUE TIENE
MENOS.

REPASA LAS LÍNEAS Y COLOREA
EL DIBUJO.

UNE LOS MESES DEL AÑO EN EL ORDEN
CORRECTO PARA COMPLETAR
EL DIBUJO.

Agosto
Septiembre
Mayo
Julio
Octubre
Junio
Abril
Noviembre
Marzo
Diciembre
Enero
Febrero

TACHA EL ELEMENTO INTRUSO.

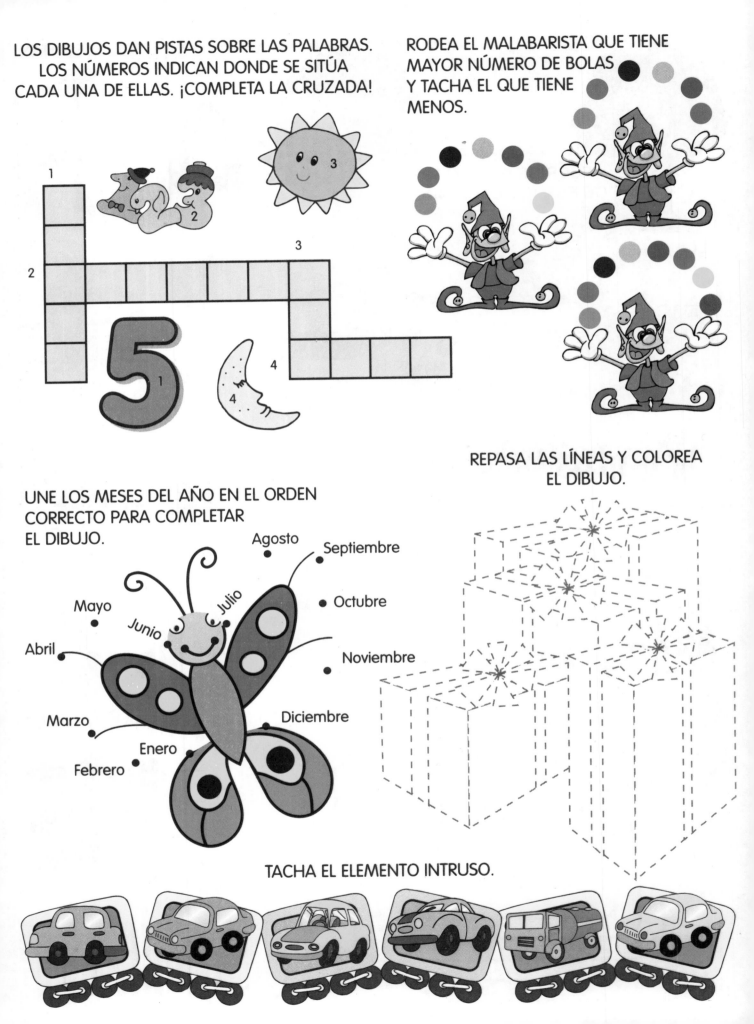

AYUDA A ESTE NIÑO A ENCONTRAR A SU MASCOTA.

COPIA EL DIBUJO EN LA CUADRÍCULA EN BLANCO.

¿CUÁNTOS PARES DE CALCETINES HAY EN CADA BOLSA?

REPASA LAS LÍNEAS DE PUNTOS PARA QUE CADA ANIMAL ENCUENTRE SU LUGAR.

¿CUÁNTOS DUENDES BAILAN EN CADA GRUPO? TACHA LAS RESPUESTAS CORRECTAS.

7 1
3 5

2 6
4 8

AYUDA A ESTA NIÑA A LLEGAR A CASA.

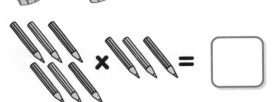

RESUELVE LAS OPERACIONES Y ESCRIBE LOS RESULTADOS.

$$14 + 8 = \boxed{}$$

$$9 \times 5 = \boxed{}$$

UNE LOS PUNTOS Y COLOREA EL DIBUJO.

RESUELVE LAS OPERACIONES Y ESCRIBE LOS RESULTADOS.

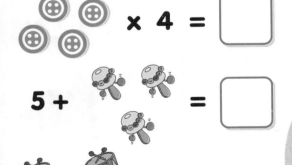

$$\times 4 = \boxed{}$$

$$5 + \quad = \boxed{}$$

$$- 9 = \boxed{}$$

$$\times \quad = \boxed{}$$

ENCUENTRA LAS PALABRAS EN LA SOPA DE LETRAS.

María   reyes   magos   Noel
José   Jesús

J	W	R	E	A	T	Z
O	J	E	S	U	S	I
S	A	N	O	E	L	F
E	M	A	G	O	S	V
R	E	Y	E	S	P	E
P	B	E	R	L	S	H
H	M	A	R	I	A	H

UNE LAS PALABRAS QUE RIMAN.

queso

espejos

lombriz

paja

lejos

regaliz

caja

peso

UNE LOS RAMOS QUE TIENEN DOS FLORES AMARILLAS.

¿CUÁL ES LA SOMBRA DE ESTE PASTEL?

a

b

c

d

AYUDA AL COCODRILO A ENCONTRAR AL CIERVO.

NUMERA LOS OBJETOS DE MAYOR A MENOR.

REPASA LAS LÍNEAS DE PUNTOS Y COLOREA EL DIBUJO.

¿CUÁNTOS BOTONES HAY? ¿Y GLOBOS?

RESUELVE LAS OPERACIONES Y ESCRIBE LOS RESULTADOS.

6 + 2 = ◯

3 × 4 =

¿CUÁL DE LOS COHETES DE ABAJO ESTALLARÁ?

RESUELVE LAS OPERACIONES.

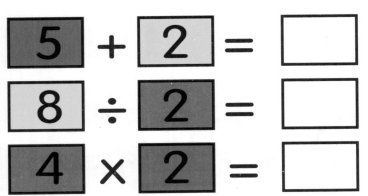

5 + 2 =

8 ÷ 2 =

4 × 2 =

BUSCA EN LA SOPA DE LETRAS LOS
NOMBRES DE LOS 12 MESES DEL AÑO.

COLOREA DOS
ESTRELLAS PARA
QUE SUMEN 3.

COLOREA DOS
ESTRELLAS PARA
QUE SUMEN 4.

RODEA LAS 5 DIFERENCIAS Y COLOREA LOS DIBUJOS.

ESCRIBE TANTAS PALABRAS COMO
PUEDAS. SIGUE LAS INSTRUCCIONES
DE LA SETA.

PALABRAS
DE 3 LETRAS

ESCRIBE LA INICIAL DE CADA UNO DE ESTOS ELEMENTOS
PARA AVERIGUAR DE QUÉ ANIMAL SE TRATA.

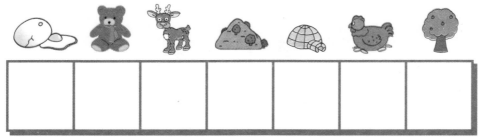

COPIA EL DIBUJO AYUDÁNDOTE DE LA CUADRÍCULA.

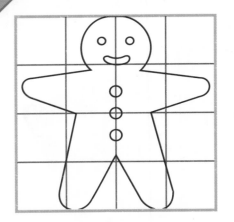

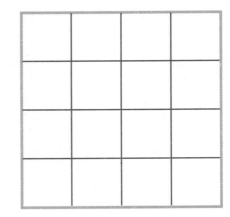

UNE LOS PUNTOS.

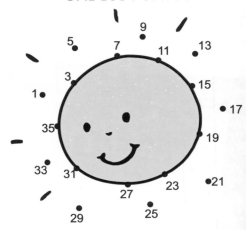

¿CUÁL DE ESTOS REYES LLEGARÁ HASTA LA LÁMPARA?

AYUDA A ESTE NIÑO A ENCONTRAR LAS FLORES.

COLOREA LAS FORMAS SEGÚN SE INDICA EN EL MODELO.

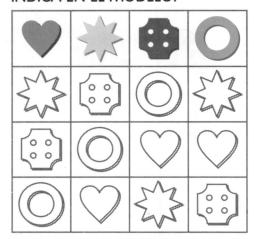

UNE LOS ANIMALES CON SUS SOMBRAS.

RODEA AL PAPÁ
NOEL DIFERENTE.

ESCRIBE PALABRAS QUE EMPIEZEN POR «LUNA».
FÍJATE EN EL EJEMPLO.

LUNA

res

tico

da

rio

ción

lunares

UNE LOS MESES DEL AÑO
EMPEZANDO POR ENERO.

AGOSTO
SEPTIEMBRE
OCTUBRE
JULIO
MAYO
JUNIO
NOVIEMBRE
BRIL
DICIEMBRE
MARZO
ENERO
FEBRERO

COMPLETA ESTA TABLA
CON PALABRAS QUE
EMPIECEN POR «S».

S			
S			
S			
S			
S			
S			
S			

COLOREA EL DIBUJO.

UTILIZA LAS INICIALES DE LOS DIBUJOS
PARA CREAR PALABRAS.

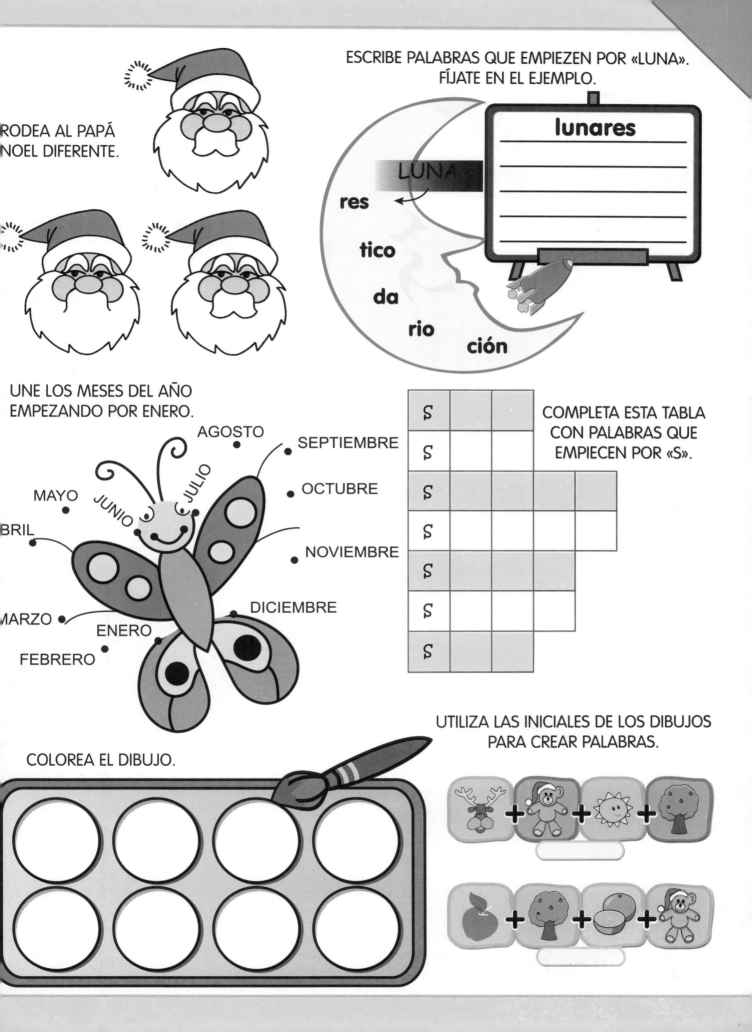

BUSCA LOS NOMBRES DE 8 COLORES
EN LA SOPA DE LETRAS.

UNE LOS PUNTOS Y COLOREA
EL DIBUJO.

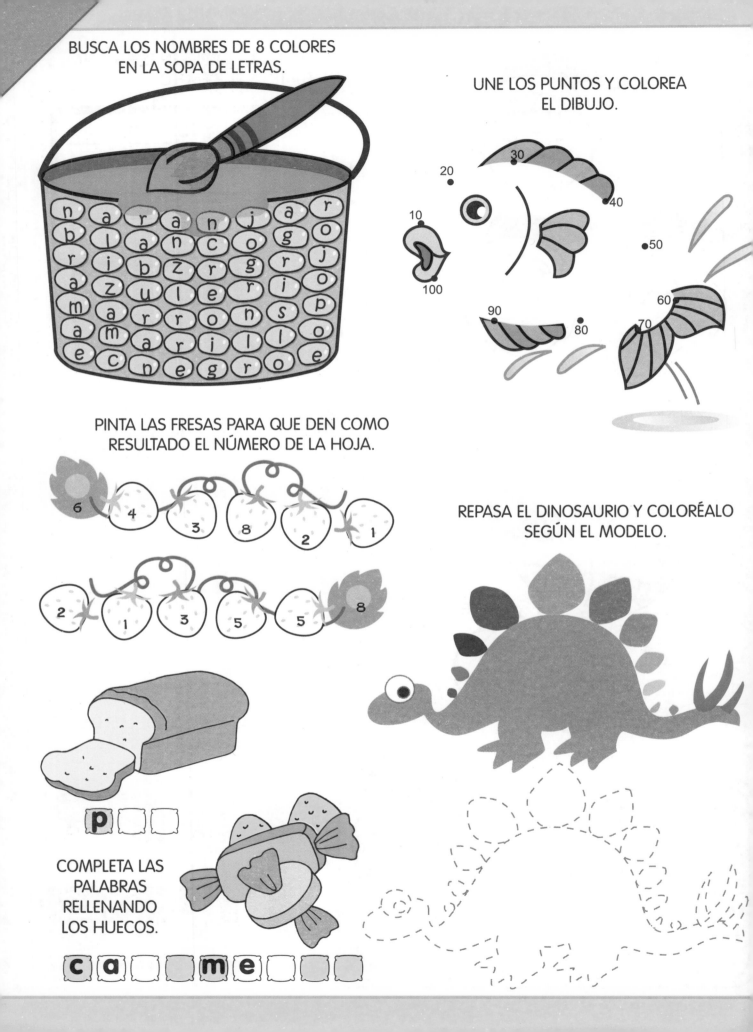

n a r a n j a r
b l a n c o o j
r i b z r g r j
a z u l e r i o
m a r r o n s p
a m a r i l l o
e c n e g r o e

PINTA LAS FRESAS PARA QUE DEN COMO
RESULTADO EL NÚMERO DE LA HOJA.

6   4   3   8   2   1

2   1   3   5   5   8

REPASA EL DINOSAURIO Y COLORÉALO
SEGÚN EL MODELO.

COMPLETA LAS
PALABRAS
RELLENANDO
LOS HUECOS.

p □ □

c a □ □ m e □ □ □

¿CUÁNTAS MARIQUITAS HAY EN CADA CONJUNTO? ESCRIBE EL RESULTADO.

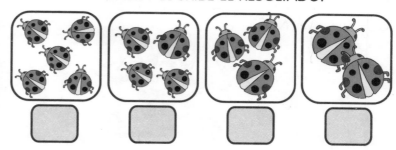

¿CUÁNTAS BANDERAS HAY EN EL DIBUJO? ESCRIBE EL RESULTADO EN EL CÍRCULO.

COMPLETA LAS PALABRAS.

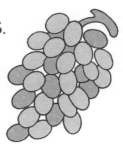

C ☐ ☐ **O**   **U** ☐ ☐ **S**

ENCUENTRA LAS 8 DIFERENCIAS Y COLOREA LOS DIBUJOS.

UNE LOS PUNTOS PARA COMPLETAR EL DIBUJO.

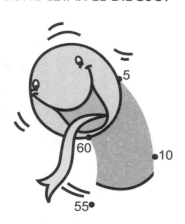

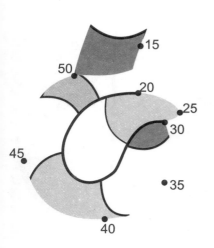

RODEA AL DUENDE
QUE TIENE MENOS
BOLAS.

COMPLETA LAS PALABRAS CON LAS INICIALES
DE LOS DIBUJOS.

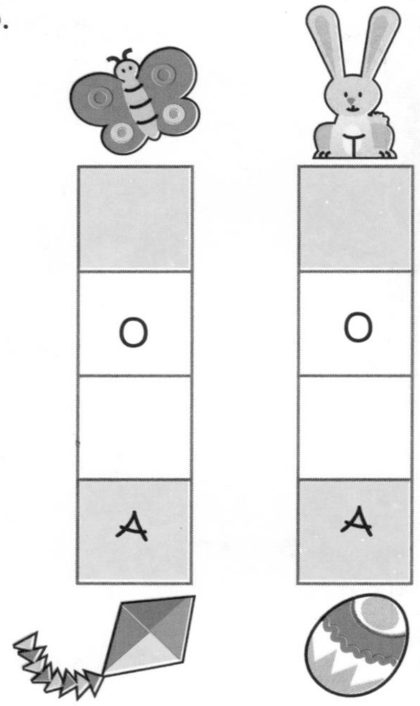

O	O
A	A

REPASA LAS LÍNEAS DE PUNTOS
Y COLOREA EL DIBUJO.

UNE LOS PECES DEL 0 AL 15.

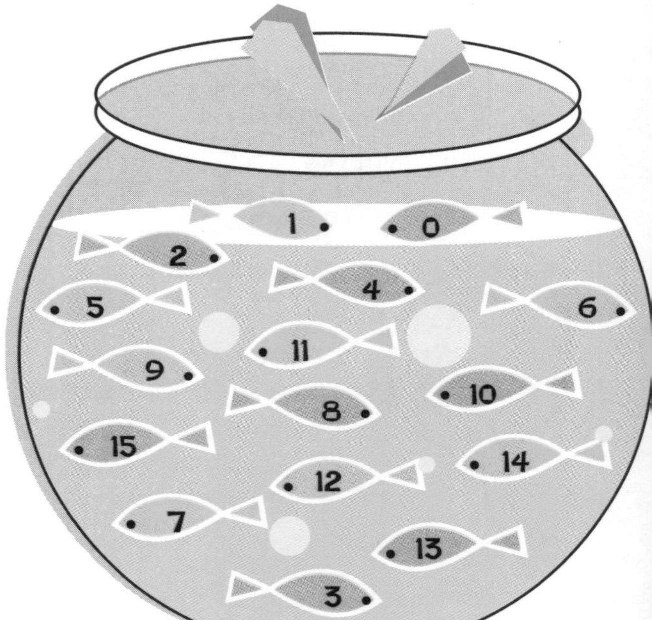

1 0
2
5 4 6
9 11
8 10
15 12 14
7 13
3

ESCRIBE LOS NÚMEROS QUE FALTAN PARA COMPLETAR LA SERIE.

4   8   12

24   36

UNE LOS NÚMEROS DE LAS HUELLAS DEL 1 AL 10.

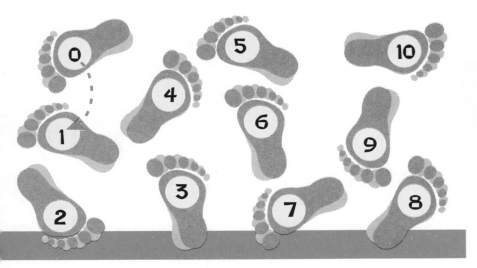

ORDENA LAS LETRAS DE LAS CERAS PARA SABER CÓMO SE ESCRIBEN ALGUNOS COLORES.

LORIALMA

DOROMA

ZULA

RSAO

COMPLETA LAS PALABRAS.

ca☐☐lo   cu☐☐r☐o

CUENTA Y COLOREA LAS FORMAS.

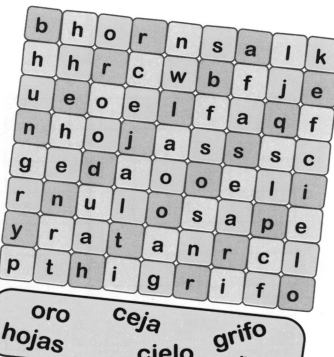

b	h	o	r	n	s	a	l	k
h	h	r	c	w	b	f	j	e
u	e	o	e	l	f	a	q	f
n	h	o	j	a	s	s	s	c
g	e	d	a	o	o	e	l	i
r	n	u	l	o	e	l	i	e
y	r	a	t	a	n	r	c	l
p	t	h	i	g	r	i	f	o

oro   ceja   grifo
hojas   cielo   rata

BUSCA LAS PALABRAS EN LA SOPA DE LETRAS.

ESCRIBE LOS NÚMEROS QUE
FALTAN PARA COMPLETAR LA SERIE.

SUMA 4 EN CADA SALTO Y SALDRÁS DEL LABERINTO.

7   21   35

32
4   8
60   SALIDA
80
META

REPASA Y COLOREA.

USA LAS LETRAS DEL SOMBRERO
PARA FORMAR PALABRAS
DE 3 LETRAS.

R E D

R   E   A
O   P
M   Z

3

UNE LOS PUNTOS.

45
42
39
36
33
30   27   24   21   18
3   6   9   12   15

W

COMPLETA LOS NÚMEROS
DEL 1 AL 100.

1					6				10
	12					17			
		23					28		30
31			34					39	
	42					47			50
		53					58		
61				65					
		74						79	80
		83				87			
	92							99	

DIBUJA LAS FORMAS QUE FALTAN PARA COMPLETAR LAS SERIES.

TACHA EL ÁRBOL MÁS ALTO.

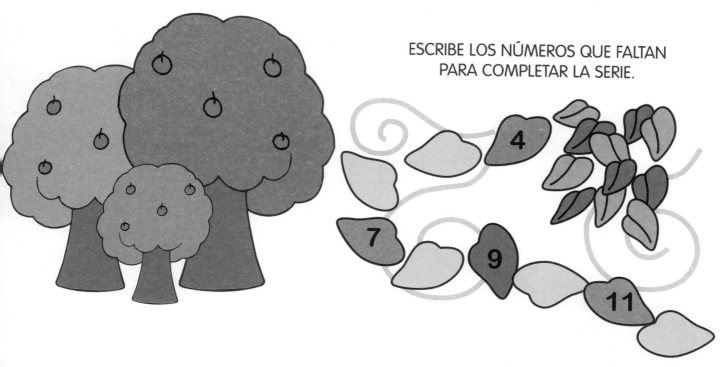

ESCRIBE LOS NÚMEROS QUE FALTAN PARA COMPLETAR LA SERIE.

CUENTA LOS FLECOS DE LA LÁMPARA Y ESCRIBE EL RESULTADO EN LA ETIQUETA.

¿CUÁNTAS CORONAS HAY? ESCRIBE EL RESULTADO EN EL CÍRCULO BLANCO.

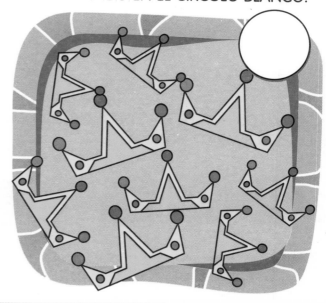

CUENTA EL NÚMERO DE LADOS QUE TIENE CADA
FORMA Y ESCRIBE LOS RESULTADOS EN LOS CÍRCULOS.

TACHA LOS NÚMEROS IMPARES.

1 2 3
4 5 6

COLOCA LOS NÚMEROS EN LA TUBERÍA
DE MAYOR A MENOR.

12
8
3
16
14
5

16

ESCRIBE LOS NÚMEROS QUE FALTAN PARA
COMPLETAR LA SERIE.

9
15
3

RODEA TODOS LOS
TIQUES IMPARES.

3
1
8
2
11
9
5
4
7

SUMA LOS NÚMEROS CON LA AYUDA
DE ESTA SIMPÁTICA RANA.

3 + 3 =

1 2 3 4 5 6 7 8 9 10

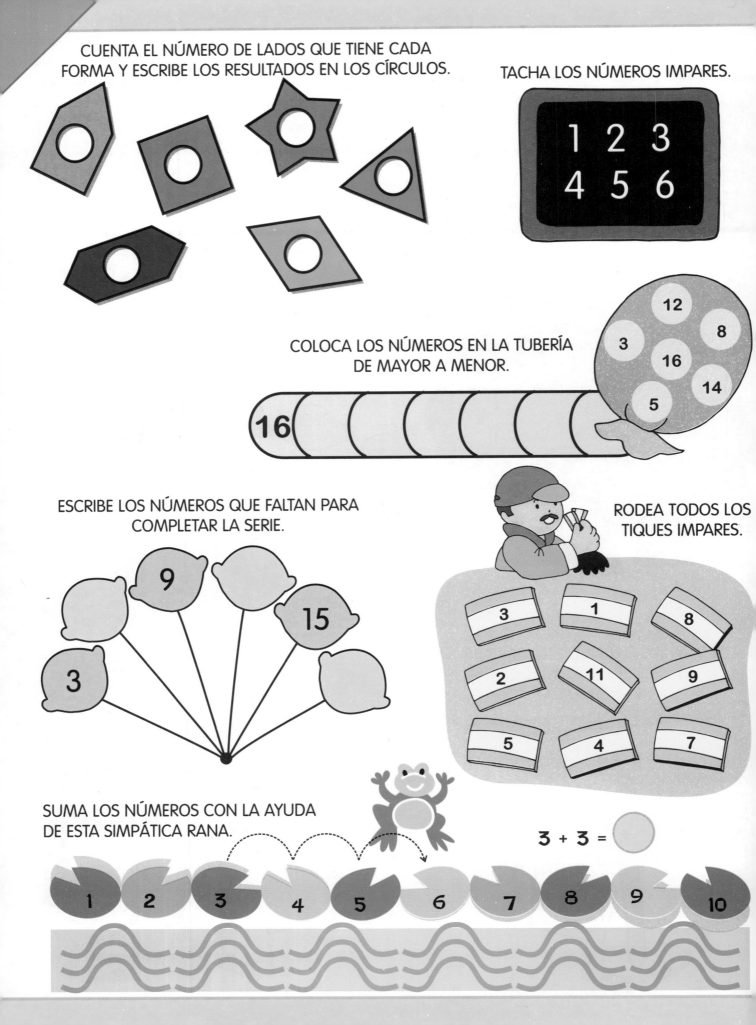

CUENTA LAS FORMAS Y ESCRIBE
LOS RESULTADOS.

NUMERA LAS CASILLAS PARA
ORDENAR EL DIBUJO.

BUSCA 7 NOMBRES DE DEPORTES
EN LA SOPA DE LETRAS.

B	F	C	R	I	C	K	E	T
E	L	S	T	M	J	S	P	E
I	H	O	C	K	E	Y	F	N
S	O	C	T	L	N	B	E	I
B	G	C	H	G	O	L	F	S
O	J	E	A	L	M	G	K	S
L	I	R	U	G	B	Y	T	K
F	U	T	B	O	L	J	A	N

COMPLETA ESTAS
OPERACIONES.

+2 = 5

+2 = 7

RESUELVE LA OPERACIÓN.

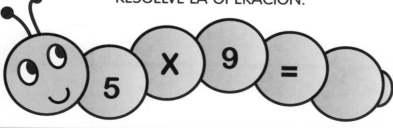

5 X 9 =

COLOREA EL DIBUJO.

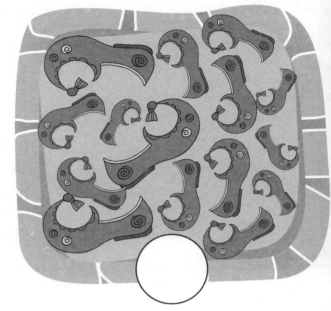

¿CUÁNTOS ZAPATOS HAY?
ESCRIBE EL RESULTADO EN EL
CÍRCULO BLANCO.

ESCRIBE LOS NÚMEROS QUE FALTAN
PARA COMPLETAR LA SERIE.

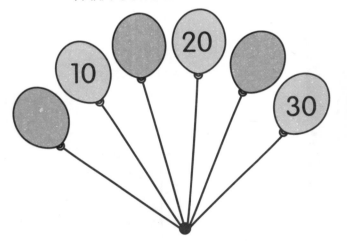

UTILIZA LAS INICIALES DE LOS DIBUJOS PARA
CREAR UNA NUEVA PALABRA.

COMPLETA ESTAS DOS SERIES ESCRIBIENDO LOS NÚMEROS QUE FALTAN.

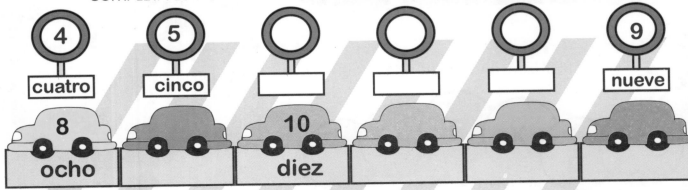

AYUDA A ESTE NIÑO A
ENCONTRAR SU MOCHILA.

RODEA LOS DIBUJOS CUYOS NOMBRES
COMIENZAN POR «C».

COLOREA LOS CÍRCULOS QUE CONTENGAN
NÚMEROS PARES

UTILIZA LAS INICIALES DE LOS DIBUJOS
PARA CREAR UNA NUEVA PALABRA.

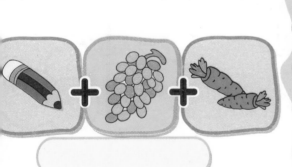

1	2	3	4	5	6	7	8	9	10
11	12	13	14	15	16	17	18	19	20
21	22	23	24	25	26	27	28	29	30
31	32	33	34	35	36	37	38	39	40
41	42	43	44	45	46	47	48	49	50

COLOREA DE AZUL LAS ZONAS CON UNA «I».

TACHA LA GALLETA QUE TIENE
UNA FORMA DISTINTA.

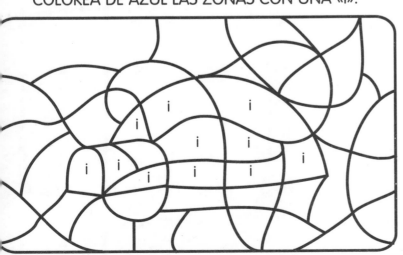

COMPLETA ESTAS OPERACIONES.

+2=10

-3=7

3+ =9

BUSCA LAS SIGUIENTES PALABRAS EN LA SOPA DE LETRAS.

p	a	l	a	c	i	o	c
m	h	a	o	q	b	f	u
a	e	m	a	g	i	a	e
r	s	p	t	v	c	s	v
g	e	n	i	o	l	e	a
r	o	u	l	s	v	a	o
p	r	i	n	c	e	s	a
l	a	m	p	a	r	a	q

palacio   magia

genio   princesa

lámpara   cueva

mar

COLOREA EL DIBUJO.

UNE LOS PUNTOS DEL AL 90 DE DOS EN DO PARA COMPLETAR EL DIBUJO.

¿SABES COMPLETAR LAS SERIES?

1   6   12

10   6   2

¿CUÁNTOS ANILLOS HAY? ESCRIBE EL NÚMERO EN EL CÍRCULO.

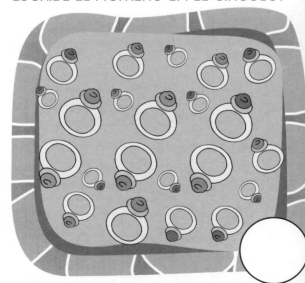

UNE CADA DIBUJO CON SU INICIAL .

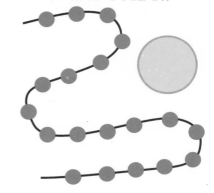

¿CUÁNTAS CUENTAS TIENE ESTE COLLAR?

UNE LOS PUNTOS PARA COMPLETAR EL DIBUJO.

UNE CADA RAQUETA CON LA BOLA QUE TENGA SU NÚMERO MÁS DOS.

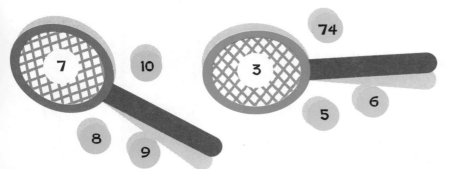

74

7

10

3

5

6

8

9

¿CUÁNTAS FLORES HA PLANTADO?

USA LAS LETRAS DEL SOMBRERO PARA HACER PALABRAS DE 3 LETRAS.

SAL

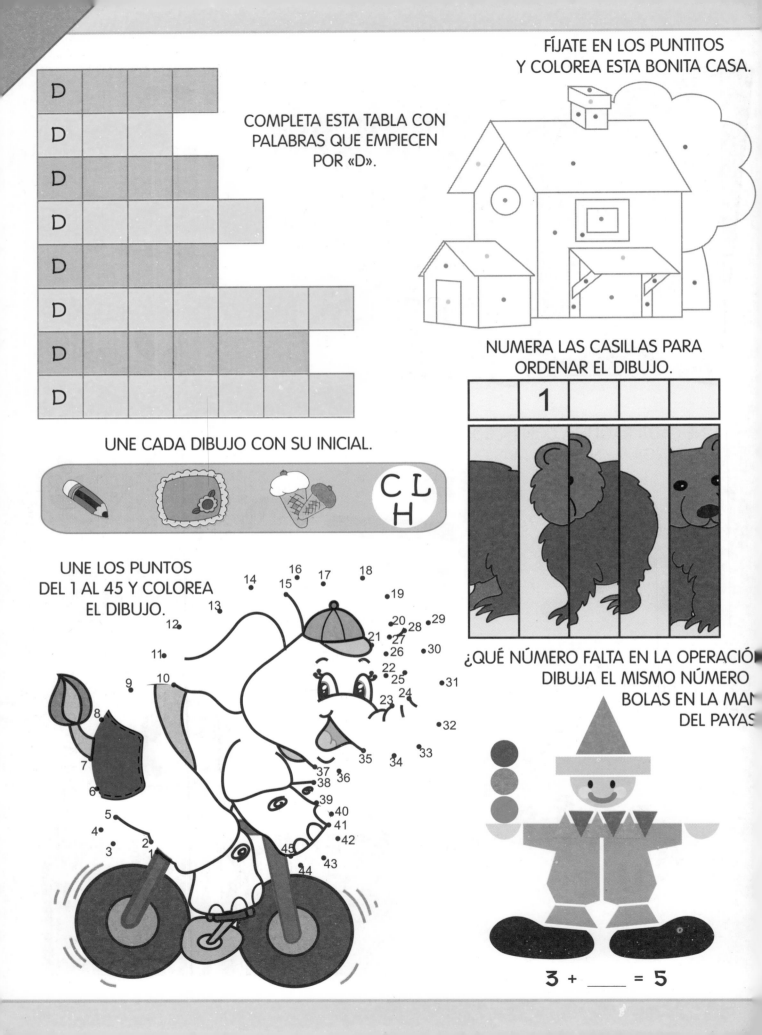

COMPLETA ESTA TABLA CON
PALABRAS QUE EMPIECEN
POR «D».

D			
D			
D			
D			
D			
D			
D			
D			

FÍJATE EN LOS PUNTITOS
Y COLOREA ESTA BONITA CASA.

UNE CADA DIBUJO CON SU INICIAL.

C L
H

NUMERA LAS CASILLAS PARA
ORDENAR EL DIBUJO.

| | 1 | | | |

UNE LOS PUNTOS
DEL 1 AL 45 Y COLOREA
EL DIBUJO.

¿QUÉ NÚMERO FALTA EN LA OPERACIÓ
DIBUJA EL MISMO NÚMERO
BOLAS EN LA MAN
DEL PAYAS

3 + _____ = 5

AYUDA A LA ABEJA A ENCONTRAR
LA FLOR.

RODEA EL HIPOPÓTAMO PEQUEÑO
Y COLOREA EL GRANDE.

¿CUÁNTOS VESTIDOS HAY
COLGADOS EN EL PERCHERO?

ESCRIBE LOS NÚMEROS
QUE FALTAN PARA COMPLETAR LAS OPERACIONES.

?3	+	63	=	96
93	÷	?	=	31
42	–	21	=	2?
?7	x	2	=	34

COLOREA LOS CORAZONES PARA
HACER PAREJAS CON LAS FLECHAS.

REPASA LAS LÍNEAS DE PUNTOS
Y CONTINÚA LAS SERIES.

ESCRIBE LOS NOMBRES DE ESTAS 5 FRUTAS.

SÚMALE A CADA NÚMERO
UNA CIFRA PARA CONSEGUIR
QUE EL RESULTADO SEA 9.

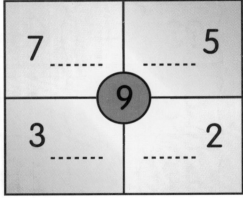

COPIA EL DIBUJO
EN LA
CUADRÍCULA
EN BLANCO.

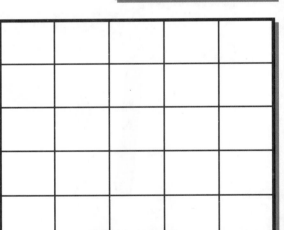

UNE LOS COCHES DEL 1 AL 10.

AYUDA AL SR. JUDÍA A ENCONTRAR SU CASA. SÓLO TIENES QUE SALTAR SOBRE LAS PALABRAS QUE RIMAN CON LA PRIMERA.

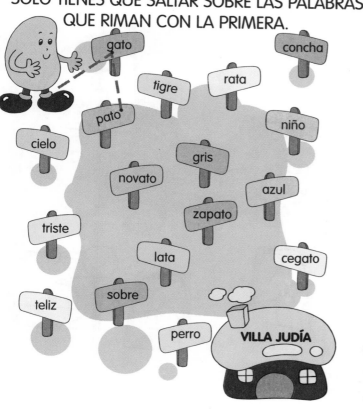

gato

concha

tigre

rata

pato

niño

cielo

gris

novato

azul

zapato

triste

lata

cegato

teliz

sobre

perro

VILLA JUDÍA

COLOREA EL DIBUJO.

NUMERA LOS DIBUJOS DE MAYOR A MENOR.

TERMINA EL DIBUJO AYUDÁNDOTE DE LA CUADRÍCULA.

som__rero

__ata

__ate

__oli

__allina

die__

ESCRIBE LAS LETRAS QUE FALTAN.

SIGUE LAS LÍNEAS QUE VAN DESDE LOS TRINEOS HASTA LOS CÍRCULOS PARA SABER A QUÉ HORA COMEN LOS PÉREZ.

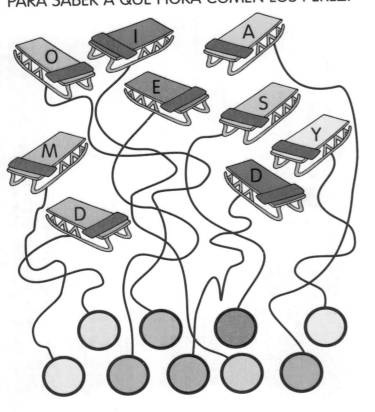

RODEA LA PIEZA QUE FALTA.

RODEA EL ELEMENTO INTRUSO.

AYUDA A LA VACA A ENCONTRAR A SU TERNERITO.

UTILIZA UN ESPEJO PARA RESOLVER LAS OPERACIONES.

$$25 - 5 = \underline{\quad}$$

$$12 \times 4 = \underline{\quad}$$

$$13 + 6 = \underline{\quad}$$

$$10 \times 7 = \underline{\quad}$$

RESUELVE LAS OPERACIONES Y ESCRIBE LAS
RESPUESTAS.

¿CUÁL ES LA SOMBRA DE LA MARIPOSA?

+ 2 =

x 4 =

8 + =

x 2 =

1

2   3

OBSERVA LAS SOMBRAS Y ESCRIBE
LOS NOMBRES DE LOS ELEMENTOS.

_____   _____

_____   _____

RODEA LA INICIAL DE CADA UNO DE LOS DIBUJOS.

z n h

r c t

BUSCA Y RODEA LAS 5 DIFERENCIAS.

AYUDA AL ROBOT A NUMERAR LOS DÍAS DE LA SEMANA.

Viernes

Sábado

Domingo

Jueves

Miércoles

Martes

Lunes

ESCRIBE LAS INICIALES.

AYUDA A ESTA NIÑA A LLEGAR
AL AUTOBÚS.

1

1

4

2

3

3

4

2

UNE LOS DIBUJOS CON
SU NOMBRE.

hacha

pelota

¿CUÁNTAS GALLETAS HAY EN CADA TARRO?

perro

mesa

helado

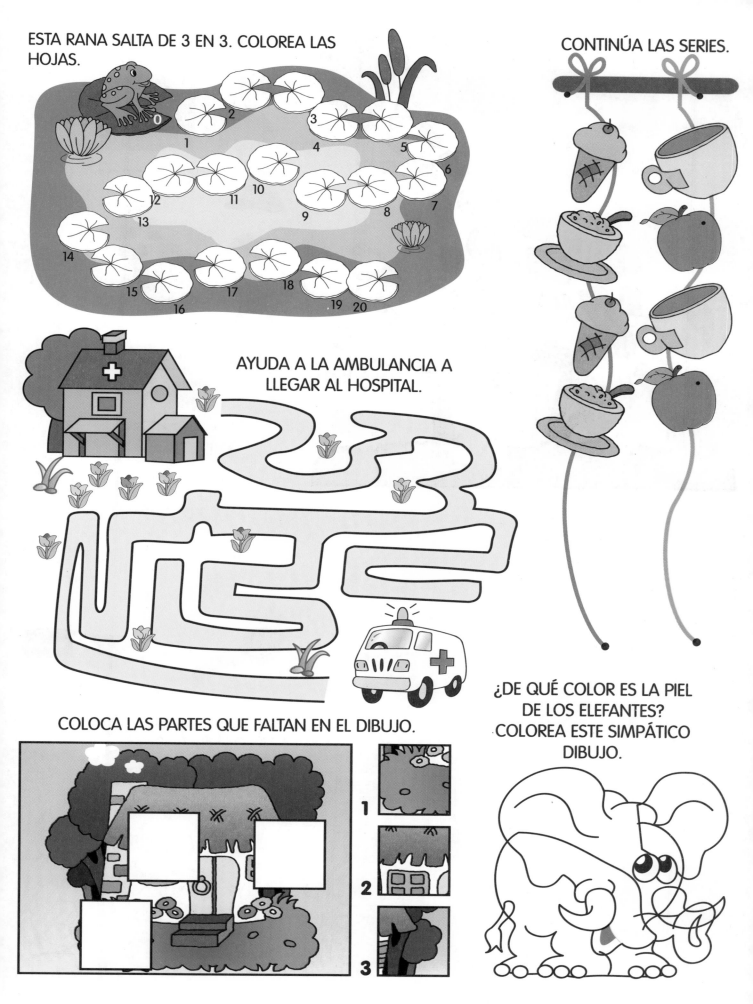

ESTA RANA SALTA DE 3 EN 3. COLOREA LAS HOJAS.

CONTINÚA LAS SERIES.

0
1 2 3 4 5 6 7 8 9 10 11 12 13 14 15 16 17 18 19 20

AYUDA A LA AMBULANCIA A LLEGAR AL HOSPITAL.

¿DE QUÉ COLOR ES LA PIEL DE LOS ELEFANTES? COLOREA ESTE SIMPÁTICO DIBUJO.

COLOCA LAS PARTES QUE FALTAN EN EL DIBUJO.

1
2
3

UNE LOS PUNTOS Y COLOREA EL DIBUJO.

PON CADA LETRA EN EL LUGAR CORRESPONDIENTE.

pro__esor

la__rón

___arrendero

b   f   d

MIRA LOS NÚMEROS A TRAVÉS DE UN ESPEJO Y ESCRÍBELOS CON LETRA.

c i n c o

_____

5

7

_____

12

_____

16

_____

13

_____

TACHA LAS CASILLAS DE LAS PALABRAS MAL ESCRITAS.

☐ redio   ☐ reloj   ☐ tren
☐ radio   ☐ relog   ☐ tern

¿CUÁNTOS TARROS HAY? ¿Y BALONES? COLOREA LOS DIBUJOS.

COLOCA LAS PIEZAS EN EL DIBUJO.

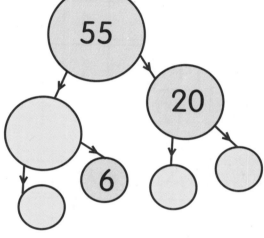

¿QUÉ PEZ LE CORRESPONDE A CADA UNA DE ESTAS GRULLAS? SIGUE LAS LÍNEAS PARA AVERIGUARLO.

COMPLETA LOS CÍRCULOS MÁGICOS.

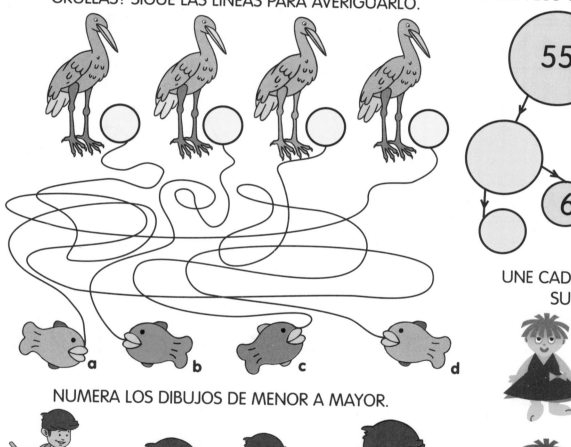

a   b   c   d

55

20

6

UNE CADA MUÑECA CON SU SOMBRA.

NUMERA LOS DIBUJOS DE MENOR A MAYOR.

RESUELVE LOS CUADROS MÁGICOS.

	5	5	15
___		4	15
8	___	___	15

15 15 15

	6	15	45
___		15	45
18	___	___	45

45 45 45

4	___	2	___	12
1	2	___	___	12
		1	2	12
4	___	1	6	12

12 12 12 12

RODEA LOS ELEMENTOS QUE SON
IDÉNTICOS A LOS DE LAS VENTANAS.

AYUDA A LAS GALLINAS A ENCONTRAR
SU COMIDA.

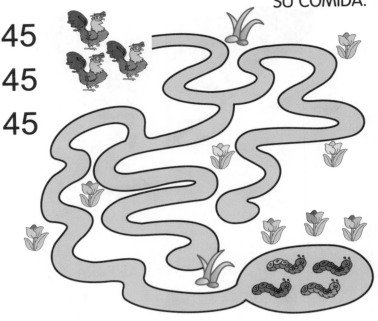

UNE LOS PUNTOS Y COLOREA EL DIBUJO.

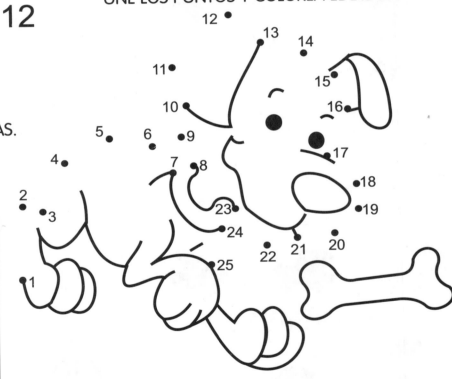

UNE LOS MÚLTIPLOS DE 3 EN ORDEN CRECIENTE.

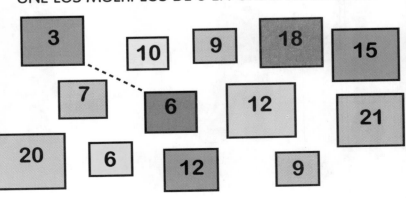

AYUDA AL PÁJARO A ENCONTRAR SUS HUEVOS.

¿CUÁNTOS HEXÁGONOS HAY?

a) 3
b) 6
c) 12

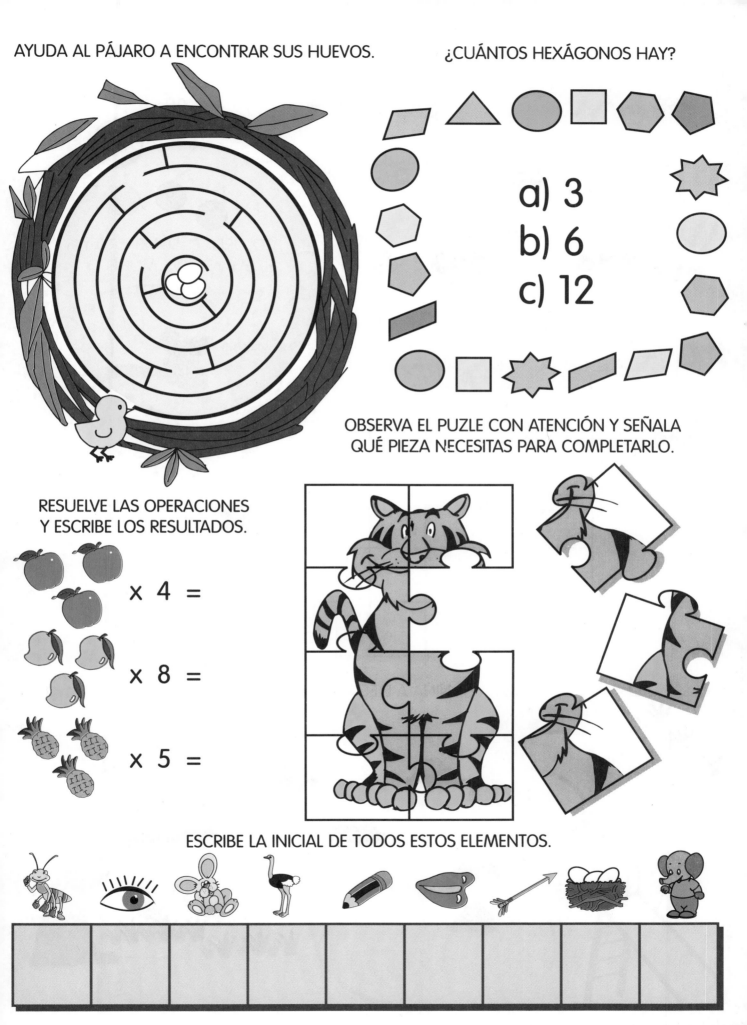

OBSERVA EL PUZLE CON ATENCIÓN Y SEÑALA
QUÉ PIEZA NECESITAS PARA COMPLETARLO.

RESUELVE LAS OPERACIONES
Y ESCRIBE LOS RESULTADOS.

× 4 =

× 8 =

× 5 =

ESCRIBE LA INICIAL DE TODOS ESTOS ELEMENTOS.

AYÚDATE DE LAS CUENTAS PARA RESOLVER LAS OPERACIONES.

COMPLETA LOS CÍRCULOS MÁGICOS.

3 + 6 = _____

2 + _____ = _____

___ + ___ = ___

___ + ___ = ___

___ + ___ = ___

COLOREA EL SOMBRERO Y EL GUANTE DEL MUÑECO.

COPIA EL DIBUJO EN LA CUADRÍCULA.

AYUDA A LA NIÑA A LLEGAR HASTA EL TOBOGÁN.

AYUDA A ESTA NIÑA A ENCONTRAR EL HILO.

COMPLETA LAS PALABRAS CON LAS VOCALES DE LAS NUBES.

1
2
3

p_j_ro   nub_s

av_ón

a

i

e

ESCRIBE LAS LETRAS QUE FALTAN PARA COMPLETAR LA PREGUNTA.

¿CU_NTAS _LORES TI_NE EL _ESTIDO DE LA NI_A?

BUSCA LOS NOMBRES DE ESTAS PRENDAS DE VESTIR.

K	R	F	D	S	T	Y	U	P
C	A	M	I	S	E	T	A	A
Y	G	D	A	O	P	R	T	N
H	N	O	D	W	R	O	P	T
R	E	S	R	I	R	T	S	A
U	L	H	G	R	Z	M	B	L
T	R	O	U	S	A	R	S	O
S	E	E	T	O	A	P	G	N
C	H	A	Q	U	E	T	A	I
Z	A	P	A	T	O	S	H	N

NUMERA LAS CASAS DE MAYOR A MENOR.

ESCRIBE LA INICIAL DE ESTOS DIBUJOS Y OBTENDRÁS DOS NÚMEROS. SÚMALOS Y ESCRIBE EL RESULTADO.

COLOREA EL DIBUJO.

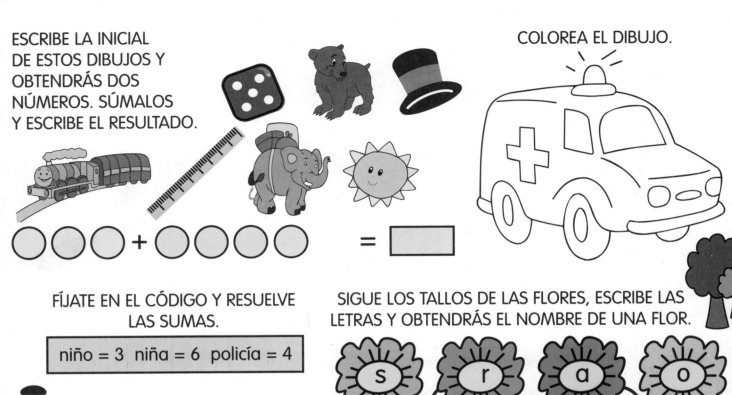

○ ○ ○ + ○ ○ ○ ○ = ▭

FÍJATE EN EL CÓDIGO Y RESUELVE LAS SUMAS.

niño = 3   niña = 6   policía = 4

SIGUE LOS TALLOS DE LAS FLORES, ESCRIBE LAS LETRAS Y OBTENDRÁS EL NOMBRE DE UNA FLOR.

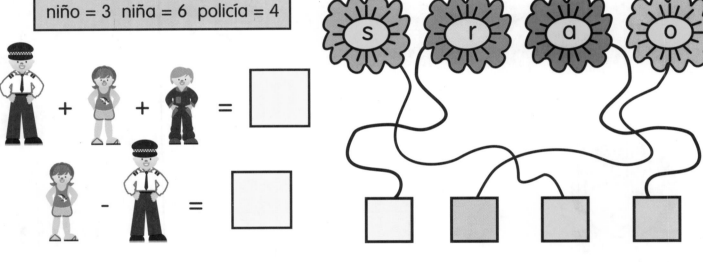

UNE LOS CONTRARIOS.

feliz

grande

pequeño

día

noche

triste

ESCRIBE LA INICIAL DE CADA UNO DE LOS ELEMENTOS EN LA RULETA.

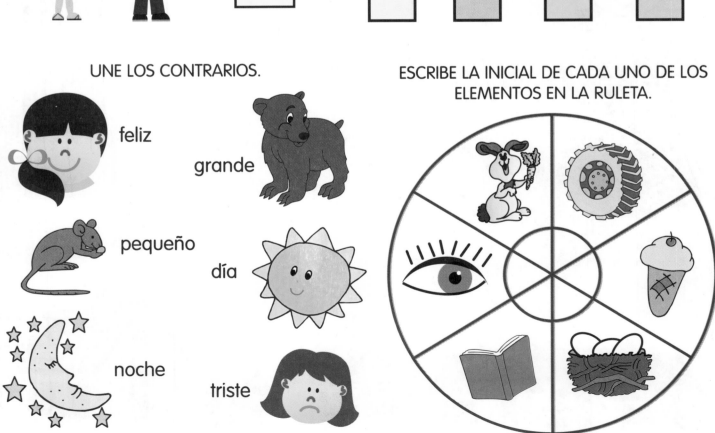

ORDENA LAS LETRAS DE ESTAS CIUDADES ESPAÑOLAS.

MRIDAD   TUELER

ERÍAALM   CIZAD

AYUDA A LA NIÑA A ENCONTRAR EL COLUMPIO.

NUMERA LOS DIBUJOS DE MAYOR A MENOR.

¿QUÉ PIEZA FALTA PARA TERMINAR EL PUZLE?

FÍJATE EN EL CÓDIGO Y RESUELVE LAS OPERACIONES.

gorra = 1   pantalón = 5   zapato = 2

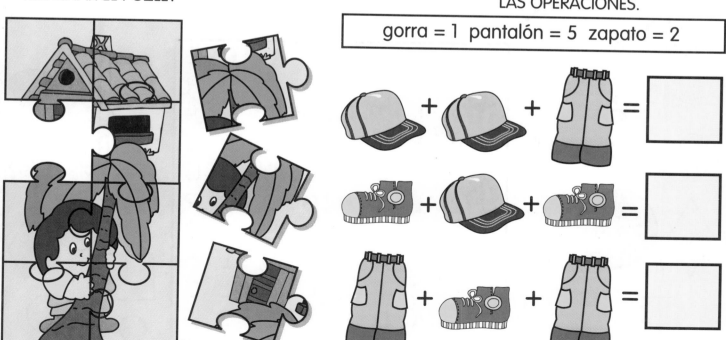

DIBUJA NUEVOS ELEMENTOS
PARA COMPLETAR LAS SERIES.

RODEA EL ANIMAL INTRUSO.

ESCRIBE LOS NÚMEROS QUE FALTAN PARA COMPLETAR
EL TABLERO MÁGICO.

3	+		=	7
+		+		+
	+	1	=	
=		=		=
4	+		=	9

RESUELVE LAS OPERACIONES.

× =

BUSCA LOS NOMBRES
DE ESTAS FIGURAS
GEOMÉTRICAS.

```
T R I O V A L O C
T R I A Q L O P R
R R I A Q L O P R
M R I A Q L O P C
B R I A N L O P U
O R I A Q G O P P
T R I A Q L U P O
T R I A Q L O L S
T C C I R C U L O
C U A D R A D O S
```

HAZ PAREJAS PARA FORMAR EL NOMBRE
DE CUATRO FORMAS GEOMÉTRICAS.

tri

círcu

do

ángulo

lo

cuadra

bo

rom

COPIA EL DIBUJO
EN LA CUADRÍCULA
DE ABAJO.

¿CÓMO SE LLAMA LA CRÍA
DEL ZORRO?

a) cachorro   b) zorrillo

UNE CADA PREGUNTA CON LA CERA CORRESPONDIENTE.

1. ¿DE QUÉ COLOR ES EL CÉSPED?

2. ¿DE QUÉ COLOR SON LAS
   AMAPOLAS?

3. ¿DE QUÉ COLOR ES EL SOL?

4. ¿DE QUÉ COLOR SON LAS
   BERENJENAS?

morado

amarillo

verde

rojo

UNE CADA ANIMAL CON SU RABITO.
DESPUÉS COLOREA LOS DIBUJOS.

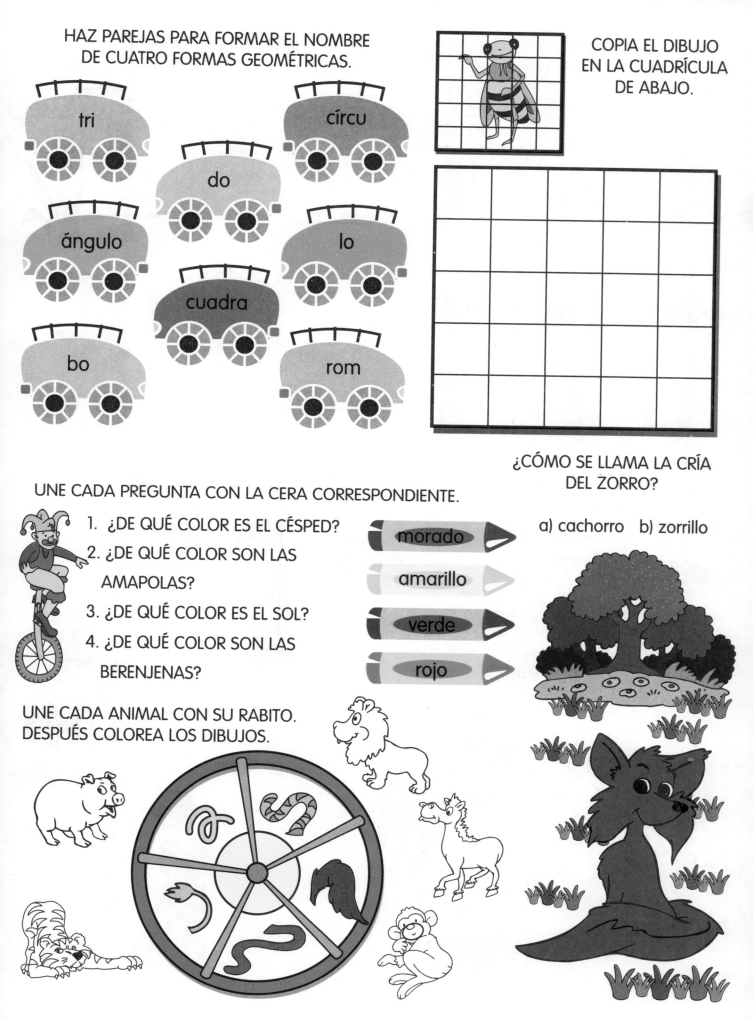

FÍJATE EN EL CÓDIGO Y RESUELVE
LAS SUMAS.

RODEA LA SOMBRA DE ESTE MONO.

bici = 5   abeja = 7   pájaro = 2

TACHA EL ELEMENTO INTRUSO.

UNE LOS PERSONAJES CON
SUS PROFESIONES.

¿QUÉ PIEZA FALTA PARA COMPLETAR
EL DIBUJO?

barrendero
profesor
policía

BUSCA EN LA SOPA DE LETRAS LA SIGUIENTE
LISTA DE PALABRAS.

P	A	R	Q	U	E	B	B
S	H	C	W	I	N	G	A
T	O	U	U	Y	W	E	L
O	Z	B	G	N	R	K	A
B	L	O	J	Q	E	H	N
O	L	T	R	T	C	M	C
G	H	A	E	R	R	Y	I
A	P	T	R	F	E	J	N
N	I	Ñ	O	S	O	E	N

TOBOGÁN

NIÑOS

CUBO

PARQUE

BALANCÍN

RECREO

FÍJATE EN LAS OPERACIONES
Y ADIVINA CUÁNTO VALE CADA
DIBUJO.

$$\text{cangrejo} =$$

$$\text{pulpo} =$$

$$\text{gusano} =$$

$$\text{gusano} \times \text{pulpo} = 20$$

$$\text{pulpo} + \text{cangrejo} = 11$$

$$\text{cangrejo} - \text{gusano} = 19$$

UNE LAS PAREJAS DE CARAMELOS.
¿HAY ALGUNO SUELTO?

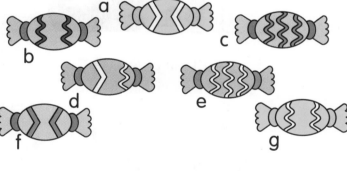

a
b
c
d
e
f
g

AYUDA AL PÁJARO A ENCONTRAR
SUS HUEVOS.

ESCRIBE LA INICIAL DE CADA ELEMENTO
EN LA RULETA.

ESCRIBE EL NOMBRE DE LOS OBJETOS A LOS QUE PERTENECEN ESTAS SOMBRAS.

ESCRIBE EL NOMBRE DE LOS TRES COLORES QUE BRILLAN EN UN SEMÁFORO.

_____

_____

_____

NUMERA LAS PIEZAS PARA ORDENAR EL DIBUJO.

1

HONEY

REPASA LAS LÍNEAS DE PUNTOS Y COLOREA EL DIBUJO.

ESCRIBE EL NOMBRE DE ESTOS ANIMALES.

RODEA EL ELEMENTO INTRUSO.

RODEA LOS OBJETOS QUE UTILIZA LA ENFERMERA.

UNE LAS BOLAS PARA FORMAR 2 PALABRAS RELACIONADAS CON EL CIRCO.

dor   ma

do   ya

pa   so

CUENTA LAS VELAS PARA DESCUBRIR CUÁL DE ESTOS NIÑOS ES EL MAYOR.

a   b   c

OBSERVA LAS PALABRAS CON ATENCIÓN Y TACHA EL CÍRCULO CUANDO ESTÉN MAL ESCRITAS.

BAÑO ◯   VAÑO ◯

VESO ◯   BESO ◯

BIDA ◯   VIDA ◯

BASIJA ◯   VASIJA ◯

ESCRIBE LOS NÚMEROS QUE FALTAN PARA COMPLETAR EL TABLERO MÁGICO.

RESUELVE LAS OPERACIONES Y ESCRIBE LOS RESULTADOS.

🌀🌀🌀 + 🌀 = ◯

🌀🌀🌀🌀 🌀🌀🌀 - 🌀🌀🌀 = ◯

🌀🌀 x 🌀🌀 = ◯

9	+	3	=	
+		–		+
6	–		=	4
=		=		=
	+		=	16

ESCRIBE LOS NOMBRES DE ESTOS SIMPÁTICOS ANIMALES.

FÍJATE EN EL CÓDIGO, RESUELVE LAS OPERACIONES Y ESCRIBE LOS RESULTADOS.

libro = 6   cremallera = 12   manta = 8

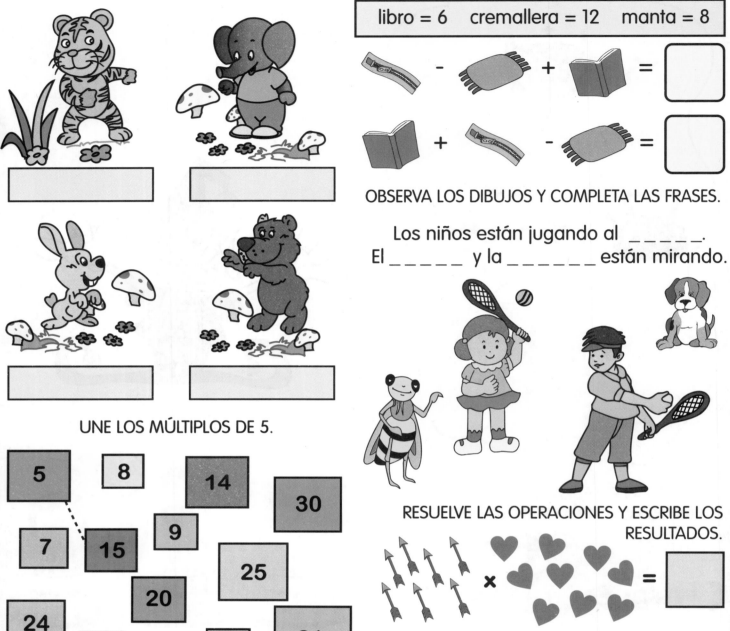

OBSERVA LOS DIBUJOS Y COMPLETA LAS FRASES.

Los niños están jugando al _ _ _ _ _.
El _ _ _ _ _ y la _ _ _ _ _ _ están mirando.

UNE LOS MÚLTIPLOS DE 5.

RESUELVE LAS OPERACIONES Y ESCRIBE LOS RESULTADOS.

COLOREA LAS HERRAMIENTAS DE JARDÍN.

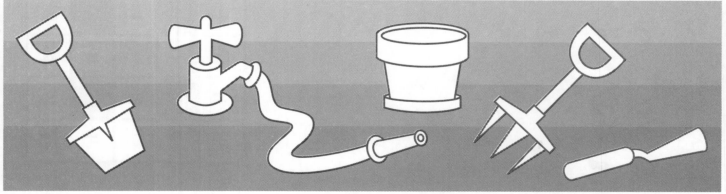

ESCRIBE LOS NÚMEROS QUE FALTAN PARA COMPLETAR EL TABLERO MÁGICO.

12	+	4	=	
-			+		-
10	-		=	8
=			=		=
2	+	6	=	

UNE LOS PUNTOS DE LA «A» A LA «V».

SIGUE LAS LÍNEAS, COLOCA LAS LETRAS Y DESCUBRE CÓMO SE LLAMAN LOS HERMANOS DE ANA.

E M E
J A O Y
T I

CUENTA LAS MANCHAS DE LAS RANAS Y ESCRIBE EL RESULTADO MAYOR.

UNE CADA PRENDA CON SU INICIAL.

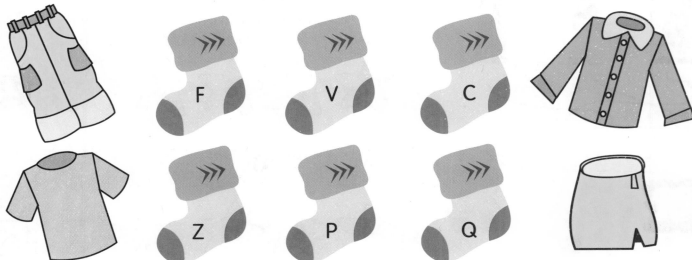

F   V   C

Z   P   Q

AYUDA AL NIÑO A ENCONTRAR SU HELADO.

TACHA LAS LETRAS REPETIDAS
Y OBTENDRÁS EL NOMBRE DE UNO
DE ESTOS 3 ANIMALES.

T	W	A	I
Z	A	W	L
E	O	I	Z
D	D	T	N

UNE EL RELOJ
CON SU SOMBRA.

¿QUÉ PIEZA FALTA PARA
TERMINAR EL PUZLE?

¿A QUÉ CASA VA CADA NIÑO?

ESCRIBE LOS NÚMEROS QUE FALTAN PARA
COMPLETAR LAS SERIES.

2 __ 6 8 __ 12

5 10 __ __ 25

4 8 12 __ __ 24

ORDENA LAS LETRAS.

salonttames

apvisa

mauriqita

ormihga

aarña

¿CUÁNTOS ELEMENTOS HAY EN CADA CONJUNTO?

3

RESUELVE LAS OPERACIONES Y ESCRIBE EL RESULTADO.

× = ☐

− = ☐

UNE ESTOS ANIMALES CON SU COMIDA FAVORITA.

hierba

plátanos

maíz

almendras

huesos

miel

UNE LOS PUNTOS Y COLOREA EL DIBUJO.

NUMERA LAS PIEZAS PARA ORDENAR EL DIBUJO.

TACHA ÚNICAMENTE EL CÍRCULO DE LAS PALABRAS MAL ESCRITAS.

1

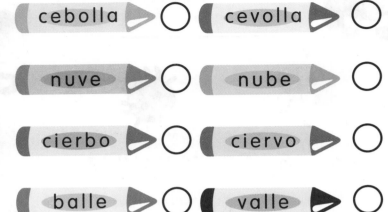

cebolla ○   cevolla ○

nuve ○   nube ○

cierbo ○   ciervo ○

balle ○   valle ○

¿CUÁNTOS PECES DE CADA CLASE HAY?

TACHA EL ELEMENTO INTRUSO.

RESUELVE LAS OPERACIONES Y ESCRIBE LAS RESPUESTAS.

▱ = 1   ◯ = 2

▱ = 3   △ = 4

△ + ▱ ◯ − ▱ = ▱

◯ × △ + ◯ ▱ = ▱

▱ ◯ − △ − △ = ▱

▱ ▱ ÷ ▱ + ◯ = ▱

◯ △ ÷ ▱ ◯ + △ = ▱

AYUDA A LA ABEJA A LLEGAR HASTA LAS FLORES.

RODEA EL ELEMENTO INTRUSO.

¿DE QUÉ DINOSAURIO ES ESTA SOMBRA?

ESCRIBE EL NOMBRE DE ESTOS OBJETOS.

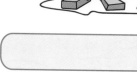

COPIA EL DIBUJO EN LA CUADRÍCULA DE ABAJO.

OBSERVA ATENTAMENTE LAS FILAS. EN CADA UNA DE ELLAS, HAY UNA SERIE DE ELEMENTOS. COMPLETA LA SERIE ESCRIBIENDO EN EL RECUADRO EL NÚMERO QUE FALTA.

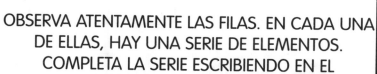

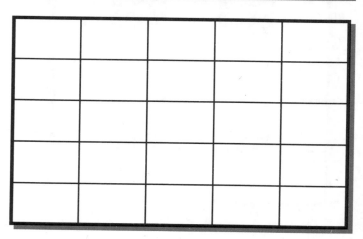

AYUDA AL BUFÓN A ENCONTRAR EL CIRCO.

MIRA LOS DIBUJOS
Y RODEA EL ELEMENTO INTRUSO.

UTILIZA TU IMAGINACIÓN PARA CREAR
4 CARAS DIVERTIDAS.

ESCRIBE EL NOMBRE
DE ESTOS
DIBUJOS.

ESCRIBE LOS NÚMEROS QUE FALTAN PARA
COMPLETAR EL TABLERO MÁGICO.

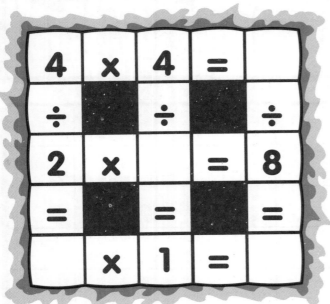

4	×	4	=	
÷		÷		÷
2	×		=	8
=		=		=
	×	1	=	

NUMERA LAS PIEZAS Y ORDENA EL DIBUJO.

¿QUÉ NECESITA ESTE NIÑO PARA HACERSE UN TRAJE NUEVO? ORDENA LAS LETRAS Y LO SABRÁS.

_ _ _ _ _

NUMERA LAS PIEZAS PARA ORDENAR EL DIBUJO.

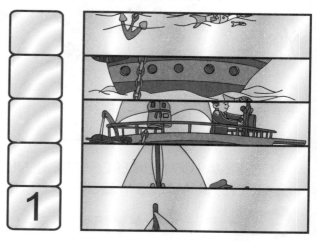

¿QUÉ NÚMERO TIENES QUE SUMAR A LOS QUE ESTÁN EN LAS CASILLAS PARA QUE DÉ COMO RESULTADO 12?

9...... 4

12

2...... 7

¿CUÁL DE ESTOS NIÑOS GANARÁ EL TROFEO?

UNE LAS BICICLETAS CON SUS SOMBRAS.

¿CUÁNTAS PALABRAS PUEDES FORMAR CON LAS LETRAS DE «DINOSAURIO»?

DESCIFRA EL CÓDIGO Y AVERIGUA QUÉ DEPORTE PRACTICAN ESTOS NIÑOS.

A6	B1	D4	B1	D5	C4	A5

	1	2	3	4	5	6
A	B	J	P	I	N	M
B	A	Y	U	S	Q	Z
C	H	D	E	O	V	G
D	J	L	F	R	T	H
E	U	D	K	Y	T	H
F	P	W	C	A	Q	X

UNE LOS MÚLTIPLOS DE 7.

7   8   42   35
12   14   11   28
24   21   13   20
10

OBSERVA LOS NÚMEROS QUE TIENE CADA JUGUETE, SÚMALOS Y ESCRIBE EL RESULTADO.

12 + 17 =

ESCRIBE LA INICIAL DE ESTOS DIBUJOS.

UNE CADA DIBUJO CON SU SOMBRA.

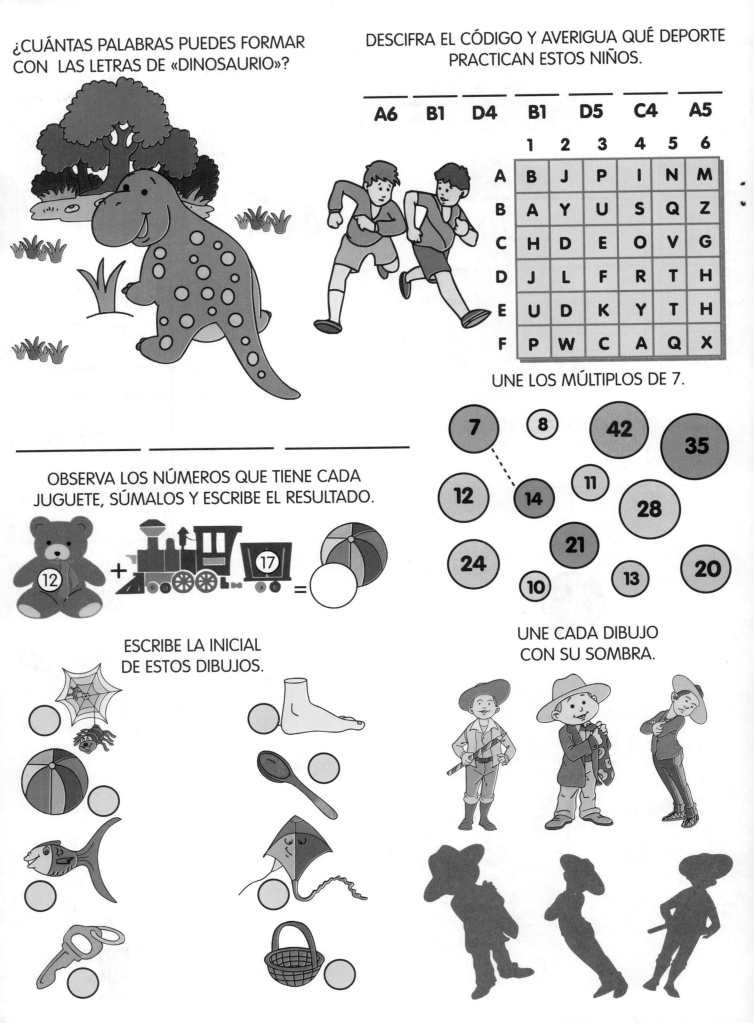

FÍJATE EN EL MODELO
Y COLOREA EL DIBUJO.

¿QUÉ CAMINO DEBE SEGUIR LA SERPIENTE
PARA LLEGAR HASTA LA RATA?

UNE LOS NÚMEROS CON LAS CIFRAS
CORRESPONDIENTES.

trece

nueve

cien

11

once

13

9

100

¿QUÉ POSTRE TOMARÁ
CADA NIÑO?

3	×		=	12
×		×		×
3	×	2	=	
=		=		=
	×	8	=	72

ESCRIBE
LOS NÚMEROS
QUE FALTAN Y
COMPLETARÁS
EL TABLERO.

¿CUÁNTAS ESTRELLAS HAY?
ESCRIBE LA RESPUESTA
EN LA BOLSA.

NUMERA LAS PIEZAS.

1

FÍJATE EN EL CÓDIGO Y RESUELVE
LAS OPERACIONES.

B = 3   R = 4

I = 5   J = 6

J + BI - R =

R × J + IB =

RJ - I - B =

FÍJATE EN EL MODELO Y COLOREA EL DIBUJO.

UNE CADA NIÑO CON SU SOMBRA.

RESUELVE LAS OPERACIONES
Y ESCRIBE LOS RESULTADOS.